마음오프너

마음오프너
Opener

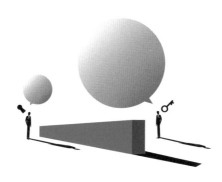

사람을 움직이는 생각의 본능

최석규 지음

진성북스
JINSUNGBOOKS

어떻게 해야 사람을 움직일 수 있을까?

여는 말이 있고 잠그는 말이 있다. 어떤 말은 마음을 활짝 열어 움직이게 만든다. 반면 어떤 말은 사람의 마음을 굳게 잠가 얼어붙게 만든다. 왜 그럴까?

'아' 다르고 '어' 다르다고 한다. 같은 말이라도 어떻게 말하느냐에 따라 달라진다는 뜻이다. 얼핏 당연한 말처럼 들린다. 그런데 한발 더 들어가보면 고개가 갸우뚱해진다. 왜 말에 따라 반응이 달라질까?

30년째 마케팅 커뮤니케이션 일을 해오는 내내 머릿속에 자리잡고 있던 의문이 있다. "어떻게 사람을 움직일 것인가?"라는 물음이다. 광고메시지를 통해 소비자를 움직여 제품을 사도록 하는 일이 직업이다 보니 늘 이 생각이 떠나지 않았다. 왜 어떤 메시지엔 바로 반응이 오는데 어떤 메시지엔 관심조차 보이지 않는 것일까?

비단 광고메시지뿐만이 아니다. 어떤 정치인의 말은 마음을 흔들고 표를 던지고 싶게 만든다. 그런데 또 어떤 말은 하나 마나 한 소리로 들린다. 어떤 목사님의 설교는 귀에 깊숙이 꽂히는 반면 어떤 설교는 고개를 떨구며 졸게만 한다. 왜 그럴까? 표현의 문제인가? 내용의 퀄리티 때문에? 아니면 다른 깊은 이유가…?

이 책은 그 왜(why)에 대한 이야기다. 그 '왜'에 대한 답을 '생각의 본능'에서 찾았다. 즉 사람이 생각하는 방식에서. 생각의 본능은 달리 말하면 뇌본능이다. 뇌가 받아먹기 좋아야 한다. 뇌가 생각하기 좋아하는 방식대로 그에 맞게 커뮤니케이션할 때 사람의 마음이 열린다. 그래야 내가 하는 말이, 내가 쓴 글이 상대를 흔들고 움직일 수 있다. 커뮤니케이션의 성공은 사람이 본능적으로 어떻게 생각하길 좋아하는가에 그 비밀이 있다.

커뮤니케이션의 진정한 힘은 사람을 움직이는 데 있다. 마케터와 광고인은 어떻게 말해야 소비자를 움직여 물건을 사게 할지 머리를 싸맨다. 정치인은 표를 위해 온갖 말로 유권자들의 마음을 얻으려 애를 쓴다. 목사님, 스님들은 설교와 설법을 통해 경전대로 신도들을 움직이려 한다.

뿐만 아니다. 우리는 모두 사람을 움직이고 싶어한다. 설렁탕 한 그릇 먹고 싶은데 친구는 피자를 먹자고 할 때 그런 친구를 설렁탕집으로 같이 가도록 만드는 것이 커뮤니케이션의 힘이다. 가족도 예외는 아니다. 피를 나눈 사이지만 생각을 나누는 건 쉽지 않다. 심할 때는 말이 안 통한다고 돌아서는 경우까지 있는데 '생각의 본능' 을 모르고 말하기 때문에 아내를, 엄마를 기분 좋게 움직일 수 없는 것이다.

소통이 어렵다고 한다. 어려운 건 소통이 아니다. 사람이다. 사람 을 모르기에 커뮤니케이션이 힘든 것이다. 정치 커뮤니케이션이든, 광고든, 개인 간의 소통이든 커뮤니케이션은 표현의 문제가 아니라 사람의 문제다. 그래서 사람을 알아야 한다.

이 책은 말 잘 하는 법이나 글 잘 쓰는 법에 대한 책이 아니다. '사람'에 대한 책이다. '생각의 본능'을 알고 효과적인 커뮤니케이션 을 할 수 있도록 돕고자 쓴 '사람공부' 책이다. 사람을 이해하는 건 끝도 없고 쉽지 않은 일이지만 그래도 생각의 본능을 어느 정도 알 고 나면 더 나은 커뮤니케이션 방법을 찾아갈 수 있다.

'생각본능'에 대한 아이디어의 영감은 '행동경제학'에서 얻었다. 행동경제학의 아버지라고 할 수 있는 '대니얼 카너먼(Daniel Kahne-man)'과 여러 행동경제학자들의 이론을 커뮤니케이션에 적용해 다 양한 메시지, 광고 카피 등을 예로 들어 책에 담았다. 책 내용 중엔 이론적인 부분도 다수 포함되어 좀 낯설게 느껴질 수도 있을 것이 다. 또 이 한 권에 모든 커뮤니케이션의 비결을 담았다고 말할 수는 없다. 그럼에도 나와 같은 궁금증을 가진 독자들, 사람을 움직이고 싶고 움직여야 하는 독자들에겐 커뮤니케이션을 위한 '사람공부'의 좋은 기회가 되리라 생각한다.

어느 책에서 이런 구절을 읽었다.

'말을 가장 잘 타는 방법은 말이 가는 방향대로 타는 것이다.'[1]

효과적인 커뮤니케이션을 위한 지름길은 '생각의 본능'에 맞게 소통하는 것이다. 그럴 때 상대는 쉽게 받아들인다. 그러면 사람을 움직일 수 있다.

커뮤니케이션이 자물쇠가 되어서는 안 된다. 커뮤니케이션은 사람의 마음을 열고 움직이는 오프너가 되어야 한다. 생각의 본능을 알면 그 길을 찾을 수 있다. 아는 만큼 보인다고 하지 않던가. 생각 본능을 통해 그 길을 지금부터 함께 찾아가보자.

"어떻게 사람을 움직일 것인가?"

닫힌 마음을 여는
7가지 생각의 본능!

Contents

4. 불편한 건 딱 질색 - 편안함추구본능

5. 플러스보다 마이너스, 익숙함보다 낯설음 - 일탈본능

6. 게으른 뇌가 세상을 이해하는 방식 - 틀짓기본능

7. 지구는 '나'를 중심으로 돈다 - 자기중심본능

에필로그

참고 자료

커뮤니케이션은 본능과 사귀는 일이다

정면본능 이야기

대학에서 학생들과 함께한 지도 올해로 8년째다. 그동안 '광고기획론'이나 '소비자 심리' 또는 크리에이티브 영역의 '광고와 디자인 기획' 같은 과목들을 주로 강의해왔다. 그런데 어느 과목이든 항상 동일하게 진행하는 부분이 있다. 학기 끝 무렵에 기말고사를 겸해 실시하는 기말 프로젝트다. 보통 3주 정도 시간을 두고 사전에 과제를 주어 빅아이디어와 실행 아이디어를 개발해 프레젠테이션을 하게 한다. 지난 학기도 마찬가지로 기말 프로젝트를 진행했는데 그중 한 학생의 프레젠테이션이 기억에 남는다.

그 수업의 기말 프로젝트 과제는 '탈모샴푸'였다. 지금 2030세대는 자기관리에 관심이 많다. 그래서 미리미리 챙기고 관리하자는 '얼리 케어 신드롬'이 유행이다. '얼리 안티에이징'뿐만 아니라 천천히 나이 먹자는 '슬로에이징', 건강하게 늙어가자는 '헬시에이징' 등의 움직임이 바로 그런 것이다. 이런 트렌드에 맞게 탈모방지(헤어 안티에이징) 효과가 있다는 샴푸 브랜드 몇 개를 과제로 주고 프로젝트를 진행했다. 그런데 그 학생의 관점이 참 재미있었다.

〈서울경제〉 신문에 따르면 탈모 경험자 10명 중 4명은 2030세대라고 한다. 이 정도면 당연히 얼리 안티에이징 차원에서 2030세대가 가장 관심을 가질 법한 문제는 '탈모'일 것이다. 얼굴이야 아직 젊으니 티도 잘 안 날 테고 비어 보이는 머리가 훨씬 더 신경 쓰일 수 있으니까. 그러나 소비자 조사결과는 예상과 전혀 달랐다. '싱글플러스'가 조사한 자료에 의하면 가장 관리하고 싶은 안티에이징 부위는 '얼굴'이었다. 심지어 가장 예방하고 싶은 노화 증상에 주름, 탄력, 모공, 기미, 피부결은 있어도 탈모는 아예 없었다.

이 학생은 그 이유를 한마디로 이렇게 정리한다. 인간의 '정면본능' 때문이라고. 우리는 정면을 보고 살아간다. 걸어갈 때, 중요한 면접을 볼 때, 친구와 대화할 때도, 영화를 볼 때도. 사람들은 습관화된 이런 본능 때문에 머리가 비어가는 것을 쉽게 알아차리지 못한다는 것이다. 사람이 45도 본능이 있는 것도 아닌데 누가 수시로 45도 위의 머리를 확인하겠냐고. 더구나 뒷모습은 아예 볼 수 없으니 친구나 가족에게 매번 내 뒷머리 상태가 어떤지 봐달라고 할 수도 없는 일이고.

그러면 본능과 싸우도록 해야 할까? 45도로 숙여서 수시로 위를 확인하라고? 본능이 정면인데 그렇게 말한다고 해서 그렇게 하겠냐는 것이다. 그래서 정면본능을 인정하고 이런 본능에 더해 뒷모습에 대한 개인적인 질문을 던져보자는 아이디어를 제안했다. 본능적으로 앞모습 나이를 신경 쓰는 것처럼 뒷모습 나이도 한번 생각해보도록. 그럼으로써 탈모에 대한 관심과 인지 수준을 높이자는 것. 그래서 제안한 아이디어가 "당신의 뒷모습은 몇 살인가요?"라는 캠페인이다.

생각해보니 '정면본능'이라는 그 학생의 진단이 그럴 법하다. 사람이 앞을 보고 살지 위나 아래, 심지어 뒤를 보고 살지는 않으니까. 그런 사람에게 본능을 바꾸라고 할 수는 없는 노릇이다. 본능은 힘이 있다. 쉽게 바꾸거나 억누를 수 없는.

영국 데본햄스 백화점이 마더스데이(어머니의 날)를 맞아 제작한 광고가 있는데 그 내용이 이렇다. 광고엔 놀이터에서 노는 어린아이, 책가방을 들고 집을 나서는 아이, 계단에 걸터앉아 2층을 향해 소리치는 소년, 감기에 걸려 훌쩍거리며 침대에 누워 전화기를 드는 젊은 여성 등이 보인다. 모두 나이와 성별은 다르지만 공통적으로 같은 행동들을 하고 있다. 저마다 "맘(mom)"을 소리쳐 부르는 것이다. 아이도 "맘", 소년도 "맘", 젊은 여성도 전화기를 들고 "맘". 놀다가도 엄마를 찾고, 학교에 가려고 나서면서도 찾고, 아플 때도 전화로 '엄마'를 부른다.

그런데 이 광고영상을 보면서 비슷한 기억이 떠올랐다. 어느 날인가 집에 일찍 들어와 혼자 있는데 학교에서 아들이 돌아왔다. 집으로 들어서며 나를 보더니 반색을 한다. 그러고는 이렇게 말한다. "엄마는?"

아빠를 봤으면 일찍 오셨냐, 오늘 웬일이냐, 어니 몸이 안 좋냐 뭐 이런 말이 나와야 할 것 같은데 첫마디가 "엄마는?"이다. 섭섭하기도 했지만 금세 이해를 했다. 우리나라, 다른 나라 할 것 없이 모든 사람은 엄마를 찾는다. 뿐만 아니다. 우리는 어떤 상황이 갑작스럽게 닥쳐 깜짝 놀랄 때 흔히 이런 표현을 한다. "엄마야!"라고. 열이면 열 명 모두 "엄마야!" 하지 "아빠야!"라고 말하는 사람은 없다. 본능인 것이다. 본능은 흐르는 물과 같다. 자연스럽게 표출된다. 물줄기를 억지로 바꿀 수 없듯이 본능을 바꾸는 일은 쉽지 않다.

이제 커뮤니케이션을 한번 생각해보자. 대중 커뮤니케이션이든 개인적인 커뮤니케이션이든 일단 커뮤니케이션이 시작되면 어떤 정보가 온다. 그럼 그 정보를 접한 사람은 생각을 하게 된다. 그런데 생각에도 본능이 있다. 그 본능에 따라 정보를 받아들이거나 아니면 내칠 수 있다. 혹은 좀더 쉽게 받아들일 수도 또는 어렵게 받아들일 수도 있다. 여기서 커뮤니케이션의 성공과 실패가 갈린다. 생각의 본능을 알고 말하는 것과 모르고 이야기하는 것은 차이가 크다. 극단적으로, 그에 따라 내 말이 사람을 움직이는 메시지(message)가 될 수도 있고 거부감만 일으키는 허튼소리(mess)가 될 수도 있다.

본능을 무시하거나 배척해서는 안 된다. 잘 이해하고 존중하며 본능과 사귀어야 한다. 생각의 본능을 잘 알고 그 본능을 고려해 이야기하면 소통이 훨씬 수월해진다.

이 책은 생각의 본능을 7가지로 소개한다. '절약본능', '직관본능', '감정본능', '편안함추구본능', '일탈본능', '틀짓기본능', '자기중심본능'. 그런데 책에서 말하는 7가지 본능은 크게 두 단어로 요약된다. 하나는 '게으름'이고 또 하나는 '감정'이다.

게으름

커뮤니케이션은 대개 말과 글로 한다. 물론 그림으로도 커뮤니케이션은 이루어진다. 그림도 일종의 비주얼 언어라고 할 수 있으니까. 그래서 말과 글로 스토리텔링을 하듯 그림으로 '비주얼텔링'을 하기도 한다. 또 보디랭귀지도 있다. 몸의 언어는 어설퍼 보여도 신기하게 그 자체로 소통이 되기도 한다. 어쨌거나 수단이 무엇이든 간에 커뮤니케이션을 정확하고 정교하게 하려면 생각이 필요하다. 때에 따라서는 많은 생각을 해야 할 수도 있다. 그런데 문제는 '게으름'이다.

7가지 생각본능의 바탕에는 게으름이 있다. 뇌는 생각하는 데 게으르다. 각자 오늘 하루 머리가 아플 정도로 깊이 생각하고 판단한 시간이 얼마나 되는지 한번 돌아보라. 곰곰이 생각해보면 아마도 예상외로 그런 시간이 많지 않음을 느낄 것이다. 하버드대학의 제럴드 잘트먼(Gerald Zaltman) 교수는 인간 사고의 95%가 무의식적으로 일어난다고 했다. 생각의 게으름은 에너지 효율을 극대화하기 위한 본능이다. 뇌는 기본적으로 에너지를 많이 쓴다. 그런데 오래, 깊이 생각하려면 당연히 에너지 소모가 더 많아진다. 때문에 에너지를 아끼려는 습성이 본능으로 자리잡아 생각을 아끼려고 한다. 그래서 빨리 생각하고 바로 판단한다. 이것이 휴리스틱(Heuristic, 어림짐작)이다. 보는 순간 바로 판단하거나 일부를 보고 전체를 판단하는 것 모두 휴리스틱, 즉 단서중심적 사고라고 할 수 있다. 생각의 본능을 설명하는 데 있어 '휴리스틱'은 가장 기본이 되는 개념이다.

이런 생각의 본능은 생존에 유리하다. 맹수를 만나거나 불을 보면 바로 위험을 감지하고 피할 수 있도록 해준다. 사람의 인상을 보는 이유도 내 안전을 위협하는지 아닌지, 내게 이로운지 해로운지를 직관적으로 살피고 빨리 판단하려는 습성 때문이다.

적과 아군, 네 편과 내 편을 자꾸 가르는 이유도 마찬가지다. 판단이 쉽기 때문이다. 이도 저도 아닌 애매함을 사람들은 좋아하지 않는다. 그런 애매함을 판단하려면 생각을 많이 해야 한다. 뇌가 좋아할 리 없다. 여기서 '틀'(프레임)이 등장한다. 틀은 명확하고 판단하기에 편리하다. 그래서 틀을 만들고 틀대로 생각하려 한다. 당연히 그 틀을 벗어나고 싶어하지도 않는다. 복잡한 걸 싫어하는 것도, 남을 배려하기보다 자기중심적으로 생각하는 것도 다 생각의 게으름 때문이다.

광고커뮤니케이션 일을 30년째 하면서 수많은 프레젠테이션을 했다. 밤을 지새며 개발한 아이디어를 파는 광고 프레젠테이션은 수백 번을 해도 항상 어렵다. 그런데 프레젠테이션을 할 때마다 공통적으로 보게 되는 현상이 하나 있다. 이미 다 설명한 내용인데 마치 들은 적 없다는 듯 질문하는 사람들이 꼭 있다는 것이다. 혹시나 듣는 사람이 놓칠 수도 있을까 봐 프레젠테이션 말미에 전체 내용을 요약하기도 하고 중요한 부분은 재차 강조해 말하곤 한다. 내용 중에 핵심은 굵은 글씨로 표기하고 그것도 부족할까 싶어 다른 글씨보다 몇 배는 크게 써 강조하고 또 강조한다. 그래도 마찬가지다. 클라이언트를 영입한 성공한 프레젠테이션이든 경쟁에서 실패한 프레젠테이션이든 간에 예외가 없다. 아무리 얘기해도 딴소리를 하는 사람이 꼭 있다.

그런데 생각해보면 이는 어쩌면 당연한 일이다. 게으름이 생각의 본능인데 어떻게 모든 것을 알아들을 수 있겠는가? 프레젠테이션의 내용을 다 이해하며 들으려면 에너지 소모가 어마어마할 것이다. 아무리 집중해 듣는다 해도 본능을 거슬러 프레젠테이션 내내 집중

하기란 거의 불가능하다.

학교 강의도 똑같다. 일방적인 강의보다 학생들과 소통하는 수업을 좋아해서 자주 이야기를 건네며 질문을 한다. 그런데 중요한 부분이라고 강조해서 이야기했건만 학생들이 의외로 기억하지 못하는 경우가 있다. 내 딴에는 많이 강조하고 힘주어 말했다지만 생각의 게으름 탓에 그 모든 걸 받아 안을 수는 없었던 것이다.

학기마다 따로 진행하는 '프레젠테이션 특강' 때 학생들에게 꼭 하는 질문이 있다. 말을 하거나 프레젠테이션을 할 때 제일 조심해야 할 한 가지가 무엇인지 아느냐고. 그건 바로 '내 말을 다 알아들었겠지?'라고 당연하게 여기는 것이다. 이렇게 생각하면 자기 혼자 진도 나가기에 바쁘다. 청중은 아랑곳없이 할 말을 떠드느라 정신이 없다. 할 말을 다 하면 그냥 그렇게 끝을 맺는다. 그래서는 성공하기 어렵다. 듣는 사람이 내 말을 이해하지 못할 것이라는 기본 전제하에 프레젠테이션을 준비해야 한다. 그래야 듣는 사람 입장에서 프레젠테이션을 구성할 수 있다. 그래야 심플하고 쉽게 이해되는 프레젠테이션 전략을 짤 수 있다. 그러면 말하는 중간중간 청중과 교감하는 여유가 생긴다. 청중이 나의 말을 따라오고 있는지 반응을 살피며 프레젠테이션의 밀도를 높여갈 수 있는 것이다.

독자들이 이 책의 어느 부분을 먼저 읽더라도 크게 문제될 것은 없다. 하지만 가급적 1장 '절약본능'과 2장 '직관본능'을 먼저 읽기를 권한다. 휴리스틱과 관련된 기본적인 내용을 이해할 수 있기 때문이다. 이런 이해를 바탕으로 나머지 장을 읽는다면 책 내용이 훨씬 쉽게 들어올 것이다.

감정

커뮤니케이션은 이성의 문제일까 감정의 문제일까? 어떤 영역이 커뮤니케이션의 성공을 좌우하는 핵심이라고 할 수 있을까? 30년째 마케팅 커뮤니케이션 일을 하면서 내가 내린 결론은 커뮤니케이션은 '감정'의 문제라는 것이다. 어떤 커뮤니케이션이든 감정이 오고 간다. 마주 보고 말할 때면 표정과 목소리에서 감정이 보이고 들린다. 대중을 향한 연설에서도 당연히 감정은 느껴진다.

그런데 감정을 모르면 불안하다. 하다못해 카톡으로 주고받는 문자메시지에서조차 사람들은 감정을 찾으려 한다. 그래서 보내는 사람도 문자를 받는 사람이 오해하지 않도록 이런저런 이모티콘을 써가며 감정을 전달한다. 잘해보자는 호의인지 불쾌함을 감추고 있는 '예스'인지 텍스트만 봐서는 알 수 없기 때문이다. 이성적으로 사실과 정보만 주고받는 것이 커뮤니케이션이라면 감정을 찾을 필요는 없다. 그러나 커뮤니케이션 끝에 남게 되는 최종 결과물은 '감정'이다.

대통령선거 후보 TV 토론회를 생각해보자. 정책과 공약보다는 태도가 미치는 영향이 훨씬 크다. 여기서도 생각의 게으름은 작용한다. 내용의 옳고 그름은 판단하기 어려운 반면 태도는 누구나 쉽게 평가할 수 있다. '건방지다, 야박하다, 겸손하다, 부드럽다, 밉상이다' 등 저마다 후보에게 느껴지는 태도로 판단을 한다. 이게 무서운 부분이다. 어떤 감정을 갖느냐에 따라 그 사람의 선택이 달라진다. 일상에서도 흔하게 그런 경우를 마주한다. 우리는 보통 아무리 맞는 말을 해도 왠지 그 사람이 싫으면 잘 받아들이지 않는다. 루소는 그래서 이렇게 말했다. '이성이 인간을 만들어낸다면 감정은 인간을 이끌어간다'고. 결국 사람을 움직이는 것은 이성이 아니라 감정이다.

'기억'에도 감정이 크게 작용한다. 지금은 온라인 게임이 주요 놀이감이 된 세상이지만 내가 어렸을 땐 구슬치기, 딱지치기, 망까기, 오징어게임 등이 주된 놀이였다. 그중 초등 시절 겨울방학이 되면 몰두하던 놀이가 하나 있었는데 바로 '연날리기'다. 연날리기는 겨울 내내 계속되었고 패턴이 늘 같았다. 점심 즈음 '하이면'을 끓여 먹고(그때 먹던 하이면이 얼마나 맛있던지…) 어젯밤부터 만든 연을 들고 집 근처 동산에 오른다. 그리고 연을 날리며 줄을 당겼다 놓았다 이런저런 실험(?)을 해보고 저녁 무렵 집으로 돌아온다. 그후부터는 다시 제작에 들어간다. 당시 목표는 꼬리 없는 방패연을 만드는 것이었다. 꼬리를 펄럭이는 가오리연은 내 눈에 뭔가 둔하고 좀 덜떨어진 연 같아 보였다. 꼬리를 붙인 방패연도 안정적이긴 했지만 둔하긴 마찬가지였다. 반면 연줄을 부리면 팔랑거리다 딱 서기도 하고 마치 우주선처럼 유유히 공간에 군림하는 듯한 방패연은 그저 신비롭기만 했다. 때론 기민하고 때론 고요한 모습의 직사각형이 얼마나 경이롭던지.

그런데 그걸 만드는 게 쉽지 않았다. 집에 있던 대나무 비닐우산을 수없이 작살내며 이리저리 만들어봐도 다음 날 동산에서 날려보면 연이 뱅뱅 돌았다. 지금이야 인터넷에서 검색만 해보면 만드는 방법을 쉽게 찾을 수 있지만 당시에는 인터넷 같은 것이 없었다. 그래서 혼자 끙끙대며 갖은 방법을 다 써봤던 것 같다. 그러던 어느 날 연이 돌지 않았다. 그 높은 하늘에 딱 서서 마치 나를 보고 있는 듯한 그 우아함이라니. 지금 기억에 남아 있는 건 그때의 감정이다. 내가 뭘 어떻게 했기에, 무슨 문제점을 개선해서 방패연이 돌지 않았는지는 잘 기억나지 않는다. 다만 넓은 하늘에 당당하게 떠 있는 연을 봤을 때, '드디어 만들었다, 내 연이 돌지 않는다'는 그 감격과 감동, 코를 훌쩍이며 눈물을 닦았던 기억은 또렷하게 남아 있다. 겨울방학 때마다 계속되던 '연날리기'는 이후 더 지속되지 않았다. 그때의 감동이 너무 커 더 이상 뭔가를 새로 하고 싶지 않았던 듯싶다.

좋은 기억, 나쁜 기억, 슬픈 기억, 행복한 기억, 무서운 기억, 놀란 기억 등 생각해보면 모든 기억은 감정 기억이다. 오래오래 남아 있는 것도 이런 감정 기억들이다. 엄마의 자장가가 준 안도감과 푸근함, 해맑게 까르륵 웃던 어린 아들의 사랑스러움, 자신의 생존만이 지상 과제였던 보스에 대한 실망과 분노 같은 것들은 모두 감정 기억이다. 사실 기억 자체는 편집되기 쉽다. 하지만 모든 기억에 묻어 또렷이 남아 있는 것은 감정이다.

휴리스틱 중에서도 감정 휴리스틱(affect heuristic)이 가장 강력하다. 감정 휴리스틱은 어떤 대상을 판단할 때 좋고 싫은 감정에 따라 즉각적으로 판단하는 것을 말한다. 논리적으로 고민하는 과정 없이 감정에 따라 판단하고 행동하는 것이다. 이런 감정 휴리스틱은 일상의 사소한 행동들뿐만 아니라 비즈니스 세계에서도 자주 일어난다. 예를 들어 합리적이라고 자부하는 투자자조차 때로는 신제품 발표회에 다녀와 그 기업에 대한 호감도가 상승했다는 이유만으로 투자를 결정하는 경우가 있다. 신생 기업으로부터 경쟁 프레젠테이션 초청을 받았을 때 그 기업의 번듯한 건물만 보고 참여를 결정하는 경우도 있다. 해당 기업의 재무구조나 영업이익 등을 꼼꼼히 보고 부도 가능성이나 성장 잠재력을 따져봐야 함에도 번쩍번쩍한 건물이 잘나가는 기업이라는 판단을 주저없이 내리게 한 것이다. "감정이 인간을 지배할 때는 이성은 손발을 쓸 수가 없다." 심리학자 대니얼 골먼(Daniel Goleman)의 말이다. 감정이 이끄는 판단은 그만큼 강력하다.

이제 생각의 본능을 본격적으로 만나볼 시간이다. 생각의 본능과 사귐을 시작한다는 마음으로 첫발을 떼보자. '게으름'과 '감정'이라는 두 개념을 머리에 두고서.

Opener

다다익선(多多益善)이다.
놀거리, 먹거리, 입을거리는 많을수록 좋다.
돈도 친구도 많으면 좋다.

하지만 커뮤니케이션은 다다익악(多多益惡)이다.
많은 것을 얘기할수록 무겁고 흐려진다.
인간의 뇌는 그런 메시지를 받으려 하지 않는다.

세상의 많은 것들은 많을수록 좋지만
커뮤니케이션만큼은
모든 것은
아무것도 아니다.

01

뇌는 생각을 싫어해

- 절약본능

모든 것은 아무것도 아니다

....

어린 시절 함께 뒹굴던 친구들이 있다. 너무 오래전이라 흐릿하지만 그중 몇몇은 또렷이 기억에 남아 있다. 뭐든 잘하는 그런 친구일까? 공부도 잘하고 운동도 잘하는, 잘생기고 마음 착한 그런 친구? 아니다. 기억에 있는 친구는 이런 친구들이다. 평소엔 없는 듯하다가도 운동회 날만 되면 이어달리기 마지막 주자로 나와 순위를 뒤집던 친구, 선생님 질문에 늘 번개같이 손을 먼저 들고 대답하며 씩 웃던 친구, 주먹만 한 공을 차는 미니축구에서 그 작은 공을 잘도 막아내던 골키퍼 전담 친구, 시험만 봤다 하면 무조건 100점을 받던 친구 등. 기억에 남은 친구들은 뭐든 잘하는 친구가 아니다. 뭔가 한 가지가 남달랐던 그런 친구들이다.

광고계에는 오랜 전설 같은 이야기가 하나 있다. 광고주를 유치하기 위한 어느 경쟁 프레젠테이션에서 열변을 토하던 프레젠터의 이야기. 한참 프레젠테이션을 이어가던 중 그는 갑자기 작은 공 열

개를 두 손에 움켜쥔다. 그리고 이걸 한번 받아보라며 청중을 향해 던진다. 삽시간에 뿌려진 공을 여기저기서 잡느라 프레젠테이션 현장은 아수라장이 된다. 그때 프레젠터가 말한다. 커뮤니케이션도 똑같다고. 하나를 얘기하면 사람들이 기억하기 쉽지만 열 가지를 이야기하면 아무것도 기억하지 못한다고.

사람을 움직이기 위한 커뮤니케이션(광고, PR, 설교, 연설, 정치 메시지 등)만큼은 그것이 무엇이 되었든 모든 것이 중요해서는 안 된다. 우리 제품이 이것도 장점이고 저것도 좋아서는 안 된다. 모든 것은 아무것도 아니다. 왜 그럴까?

Cogito ergo sum의 역설
- 생각의 구두쇠

....

인간을 설명할 때 자주 등장하는 대표적인 개념은 '생각'이다. 아리스토텔레스는 인간을 '생각하는 동물'이라고 했고, 파스칼은 '생각하는 갈대'라고 했다. 동물도 언뜻 보면 궁리를 하는 것 같다. 사자가 호저를 사냥할 땐 머리만 노린다. 막무가내로 덤볐다간 호저 가시가 온통 몸에 박혀 죽기 십상이기 때문이다. 그래서 가시가 없는 얼굴 부분을 노린다. 뻐꾸기는 탁란을 한다. 둥지를 틀고 새끼를 기르는 일은 엄청난 에너지가 드는 일이기에 붉은머리오목눈이

나 개개비 둥지에 몰래 알을 낳는다. 자기 새끼를 다른 새가 기르게 하는 것이다. 하지만 이런 행태는 '생각'이라기보다는 '생존'을 위한 것에 가깝다. 생존을 위한 본능이라고 할까?

인간은 다르다. 스웨덴의 식물학자 칼 폰 린네(Carl von Linne)는 인간을 '슬기로운 사람', '지혜가 있는 사람'이라는 뜻의 '호모 사피엔스(Homo spiens)'라고 이름 지었다. 달리 말하면 '생각할 줄 아는 사람'이라는 것. 그런데 정확히 봐야 한다. 인간은 생각할 줄 아는 사람이지 '생각하기 좋아하는 사람'은 아니다.

우리말 '주목하다'는 영어로 pay attention이다. 주목이나 관심을 지불(pay)한다는 뜻이다. 그런데 지불해야 할 관심이 한도를 넘으면 예산 초과로 파산하고 만다.[1] 신경 써야 할 일이 너무 많으면 그 일을 동시에 하기 어렵다. 많은 에너지가 필요하기 때문이다.《뇌, 욕망의 비밀을 풀다》의 저자 한스-게오르크 호이젤에 의하면 몸무게에서 뇌가 차지하는 비율은 2%인 데 반해 에너지는 20%나 소비한다고 한다. 이런 이유로 뇌는 에너지를 많이 쓰고 싶어하지 않는다.

이런 뇌의 특징을 1984년 미국 프린스턴대학 수잔 피스크(Susan T. Fiske) 교수와 UCLA 셸리 테일러(Shelley E. Taylor) 교수는 '인지적 구두쇠(Cognitive miser)'라고 이름 지었다. '생각하는 데 인색하고 생각하기 싫어하는 뇌'를 이렇게 규정한 것이다.

언젠가 인터넷에서 '한국인이 피곤한 이유'라는 사진이 유행한 적이 있다. 사진 속에는 5권의 책들이 나열되어 있었는데 책 제목들이 이랬다.《10대, 꿈을 위해 공부에 미쳐라》,《20대, 공부에 미쳐라》,《30대, 다시 공부에 미쳐라》,《40대, 공부 다시 시작하라》 그리고 《공부하다 죽어라》까지. 어려서 가장 많이 듣지만 가장 듣기 싫은 말이 아마도 '공부해라'일 것이다. 왜냐하면 대부분의 사람들에게 공부는 힘든 일이기 때문이다. '힘들다'는 건 '힘을 쓴다'는 것인데 그만큼 뇌가 에너지를 써야 하니 싫을 수밖에.

인간의 습성은 이런 뇌의 성향과도 관계가 깊다. 최근 코로나19 팬데믹 이후 등산을 즐기는 사람들이 많이 늘었다. 접촉이 뜸한 자연 속에서 몸과 마음을 추스르고 싶어하는 탓이다. 중년들의 취미라는 인식과 달리 최근엔 MZ세대들도 많이 보인다. 그런데 재미있는 것은 산행코스를 살펴보기 위해 검색을 하면 가장 많이 보이는 단어가 '최단코스'라는 점이다. 월악산 최단코스, 모악산 최단코스, 가리왕산 최단코스 등 해당 산 이름을 검색하면 '최단코스'가 들어간 블로그 제목들이 좌르륵 뜬다. 산을 오른다는 건 코스의 길고 짧음, 힘듦과 쉬움에 상관없이 산행의 모든 과정 자체를 즐기는 것이라고 할 수 있다. 그럼에도 최단코스가 어디인지 찾는 이유는 가급적 힘은 적게 들이고 정상을 밟는 기쁨은 누리고 싶은 것이다.

'인간은 생각한다. 그러므로 존재한다(Cogito ergo sum)'고 데카르트는 말했다. 그러나 물고기 잡는 법을 가르쳐주는 것보다 물고기를 손에 쥐어주는 것을 사람은 더 좋아할 수 있다. 물고기 잡는 법을 생각하느라 에너지를 쓰는 것이 싫기 때문이다. 어떡하든지 에너지를 절약하려는 이런 생각의 본능이 '절약본능'이다. 인간은 생각하기에 존재한다지만 역설적이게도 인간은 생각하기를 좋아하지 않는다.

Less is more

....

> 완벽함이란 더 이상 보탤 것이 없을 때가 아니라 더 이상 뺄 것이 없을 때 완성된다.
>
> – 생텍쥐페리

광고일을 하면서 최근 들어 많이 요청받는 부분이 있다. 효율과 효과다. 비용효율성과 광고효과를 말하는데 돈은 적게 쓰고 결과는 최상을 얻고자 하는 것이다. 사실 제작비는 쓸수록 퀄리티가 좋아지고, 매체도 많이 태울수록 노출이 늘기에 비용이 높아지면 당연히 효과가 좋을 수밖에 없다. 그런데 효율을 생각해 돈을 조금 쓰라고 하니 어떻게 광고효과를 빵빵 터뜨릴 수 있겠냐고 볼멘소리가 나오기도 한다.

곳간에서 인심 나던 시절도 있었다. 매출이 좋던 고성장 호황기엔 비용에 대해 상대적으로 관대했다. 지금 같은 저성장 시대가 온 뒤론 마케팅 커뮤니케이션뿐만 아니라 모든 분야에서 투자대비 성과를 중시한다. 현재 비즈니스 세계를 관통하는 키워드는 아마도 '효율과 효과'가 아닌가 싶다.

그런데 이런 '효율성 추구'는 뇌 입장에서 보면 너무도 당연한 것이 된다. '인지적 구두쇠'로서 경제원리를 따르는 자연스런 성향이다. 즉 '최소 노력으로 최대 효과(minimum effort maximum utility)'를 얻으려는 것이다. 한마디로 뇌는 가성비를 좋아한다.

'신조어 테스트'라는 게 있다. 아래 신조어들이 무슨 뜻인지 한 번 맞춰보라.

> **중꺾마   쉽살재빙   핑프   좋댓구알   만잘부**
> **오운완   비담   어사   억텐   알잘딱깔센**

몇 개를 맞췄는가? 단어의 뜻은 이렇다.

중꺾마 중요한 건 꺾이지 않는 마음

쉽살재빙 쉽게만 살면 재미없어 빙고

핑프(finger prince 또는 finger princess) 단순 검색만 하면 알 수 있는 것들을 손가락 하나 까딱 안 하고 자꾸 물어보는 사람들

좋댓구알 좋아요, 댓글, 구독, 알림설정

만잘부 만나서 반가워 잘 부탁해

오운완 오늘 운동 완료

비담 비주얼 담당

어사 어색한 사이

억텐 억지텐션

알잘딱깔센 알아서 잘 딱 깔끔하고 센스 있게

신조어엔 현재의 사회적 분위기와 사람들의 정서가 담겨 있다. 중꺾마나 쉽살재빙이 그런 유다. 또 디지털 시대의 트렌드를 반영하기도 한다(핑프, 좋댓구알 등). 그런데 신조어는 대부분 줄임말이다. 사회 정서를 담든 트렌드를 반영하든 줄임말로 되어 있다.

이런 줄임말들은 비단 최근의 유행이 아니다. 70년대, 80년대에도 줄임말은 늘 있어왔다. 선풍적 인기를 끌었던 드라마 〈응답하라 1988〉에는 '특공대'라는 말이 나온다. '특별히 공부 못 하는 대가리'라는 뜻이다. 영화 〈하녀〉에 나왔던 '아더메치'도 있다. '아니꼽고 더럽고 메스껍고 치사하다'는 의미다. 한참 유행했던 '우심깜뽀'도 있다. '우리 심심한데 깜깜한데 가서 뽀뽀나…'.

그럼 줄임말은 우리말에만 있는 걸까? 영어를 보자. '아삽 아삽' 하면서 우리말처럼 사용하는 ASAP(As Soon As Possible)가 대표적인 영어 줄임말이다. 요즘 많이 쓰는 OOTD도 있다. 'Outfit Of

The Day'의 줄임말로 오늘 입은 옷차림을 말한다. 즉 오늘의 패션이라는 뜻으로 요즘 세대들이 인스타에서 자주 검색해보는 줄임말 중 하나다. 영어권에서는 이름도 줄이는 경우가 많다. 유명한 빌 게이츠의 본명은 윌리엄 헨리 게이츠 3세(William Henry Gates Ⅲ)다. 윌리엄을 '빌'로 줄여 부르는 것이다.

줄임말 사용은 '작업기억(working memory)'[2]과 관련이 있다. 특정 작업을 위해 정보를 일시적으로 간직하는 기억이 작업기억이다. 그런데 말이 길면 작업기억에서 더 많은 자리를 차지하게 된다. 이는 우리의 사고능력을 떨어지게 만든다. 생각의 구두쇠인 뇌의 절약본능을 거스르게 되어 기억효과가 떨어지는 것이다.

사투리에서도 '절약본능'이 많이 발견된다. '가~가 가~가?'라는 경상도 사투리를 보자. '그 아이가 그 아이냐?'라는 말을 단 4자로 줄여버렸다. 충청도 사투리도 만만찮다. '자네 술 마실 줄 아는가?'를 단 두 자로 줄여 말한다. '술 혀?' 전라도의 대표적인 사투리 '거시기'도 있다. '거시기가 거시기를 거시기해분께 참 거시기 하드마요이~.'[3] 줄임말은 아니지만 각기 다른 내용을 그냥 한 단어로 퉁친다. 그래도 무슨 뜻인지 마법같이 소통이 된다.

'알잘딱깔센(알아서 잘 딱 깔끔하고 센스 있게)'까지는 아니더라도 뇌는 줄이고 줄인 말들을 좋아한다. 절약본능 때문이다. 그래야 작업기억을 효율적이고 효과적으로 작동시킬 수 있다.

'1등만 기억하는 더러운 세상'이라는 말을 농담처럼 한다. 1등만 기억하는 건 세상이 아니다. 1등만 기억하려는 절약본능의 뇌다. 그게 우리의 생각본능이다. 그렇기에 효과적인 커뮤니케이션을 위해선 말은 짧을수록 좋다.

시대도 짧은 것을 요구한다. 디지털은 사람들의 인내를 앗아가버렸다. 문자든 댓글이든 실시간으로, 즉각적인 소통을 하는 시대다. 기다리거나 지루한 것도 참지 못한다. 틱톡, 유튜브쇼츠, 스냅챗 등 콘텐츠도 이제는 짧은 것이 대세다.

상황이 복잡할수록 절약본능을 고려한 짧고 명확한 커뮤니케이션은 더 힘을 발휘한다. 전쟁을 예로 들어보자. 전쟁은 루틴한 일이 아니다. 전황이 시시각각 변할 뿐만 아니라 변수도 많다. 복잡한 상황에 대응하다 보면 자칫 많은 명령이 엉킬 수도 있다. 그런데 심플한 가이드라인으로 거대한 전쟁을 승리로 이끈 인물이 있다. 중화인민공화국 초대 주석인 마오쩌둥이다. '언어의 마법사'라고 불리기도 하는 마오쩌둥은 붓 한 자루로 중국전쟁을 이끌었다. 그는 국민당군과 싸우기 위한 게릴라전술을 단 16자에 담았다. 그 유명한 '16자 전법'이다.

적진아퇴(敵進我退) 적이 다가오면 물러나고

적주아요(敵駐我擾) 멈추면 교란하고

적피아타(敵疲我打) 피하면 공격하고

적퇴아추(敵退我追) 물러나면 추격한다.

복잡할 수 있는 많은 상황을 단 16자로 정리했다. 짧고 단순하다. 누구나 이해할 수 있을 정도로 쉽다. 깊게 생각할 필요도 없다. 군사들은 이 짧고 명확한 가이드라인대로 움직였다. 이렇게 마오는 단 16글자로 중국을 통일한다. 짧은 메시지가 갖는 힘이다.

맛없는 음식일수록 양념이 강하다. 맛내기에 자신이 없을 경우 자꾸 양념을 쳐 양념이 진해질 수밖에 없다. 이러면 원재료 고유의 맛은 사라지고 양념 맛으로 범벅이 된 요상한 음식이 남게 된다.

영화감독 스티븐 스필버그는 이렇게 말했다.

"만약 어떤 사람이 스물다섯 개 혹은 그 이하의 단어로 설명할 수 있는 아이디어가 있다면 그 아이디어는 아주 괜찮은 영화로 만들어질 수 있다. 나는 그런 아이디어를 좋아한다. 특히 손에 쥘 수 있듯 아주 간결한 그런 아이디어를 사랑한다."[4]

얼핏 Less is bore(적을수록 밋밋하고 지루하다)라고 생각할 수 있다. 물론 그럴 수도 있다. 그러나 절약본능이 생각의 본능인 만큼 커뮤니케이션은 분명 Less is more(적을수록 좋다)다.

핵심과 하나

············

그러면 어떻게 해야 짧고도 힘있게 커뮤니케이션할 수 있을까?

지난해 넷플릭스에서 방영되어 화제가 된 영화 〈돈 룩 업(Don'

t look up)〉에서 힌트를 얻을 수 있다. 굉장히 풍자적이고 비판적인 이 영화 초반부엔 다음과 같은 장면이 나온다.

미시간주립대 민디 박사와 박사수료생인 디비아스키는 밤하늘을 관측하다 이상한 혜성을 발견한다. 그후 지구로 다가오는 혜성의 위험성을 정부에 알리고 지구방위합동본부 수장인 오글소프 박사와 함께 대통령을 만나게 된다.

대통령 그러니까 소행성인지 혜성인지 다가오는데 걱정이라구요? 그런데 날 찾은 이유가 뭔지 궁금하군요. 20분이면 되겠죠?

민디 박사 대통령님, 약 36시간 전에 박사수료생인 케이트 디비아스키가 큰 혜성을 발견했습니다. 너비가 5에서 10킬로미터이고, 아마도 오르트 구름에서 나온 것 같습니다. 거의 태양계의 끝이죠. 그리고 가우스 소거법으로 궤도를 추정하면 불확실성이 평균 0.04….

대통령 뭐, 뭐라구요?

민디 박사 저는 과학적으로 정확하게 설명하려고 합니다. 최대한 정확하게 설명을 드려야… 그러니까….

옆에서 보다 못한 지구방위합동본부 수장인 오글소프 박사가 이렇게 말한다.

오글소프 박사　대통령님, 이런 혜성을 '행성파괴자'라고 합니다.

대통령에게 전달해야 했던 핵심은 '다가오는 혜성이 곧 지구를 파괴할 수 있다'는 것이다. 그런데 민디 박사는 대통령이 듣고 싶고 들어야만 할 이야기는 저 멀리 뒤에 두고 미주알고주알이 길었다. 대통령을 이해시키는 데는 많은 말이 필요없이 '행성파괴자' 한마디면 충분했는데.

'병목(bottleneck)현상'이라는 게 있다. 병의 가느다란 목 부분에 내용물이 막혀 처음엔 잘 쏟아지지 않는 현상이다. 4차선에서 2차선으로 줄어 교통체증이 일어날 때도 '병목현상'이라고 말한다. 말에도 '병목현상'이 있다. '말의 병목'은 어디서부터 시작해야 좋을지 모를 정도로 하고 싶은 말이 많을 때 일어난다. 성격이 급한 사람일수록 더하다. 이럴 때면 말이 엉키고 두서가 없어지기 십상이다. 뿐만 아니라 듣는 사람도 당연히 소화를 못 시킨다. 이럴수록 핵심(core)으로 바로 가야 한다.

거두절미(去頭截尾)라는 말이 있다. 머리와 꼬리를 끊어버린다는 것. 머리와 꼬리를 잘라내고 몸통만 남기는 것, 즉 중심(핵심)만 남기는 것이다.

용기를 이야기하고자 한다면 메시지에 용기 하나를 담아야 한다. 그래야 듣는 사람 머릿속에 용기가 남는다. 욕심을 부려 용기, 사랑,

지혜를 마구 버무리면 듣는 사람 머릿속엔 용기가 남지 않는다.

절약본능을 고려한 짧고 강한 커뮤니케이션의 지름길은 핵심을 한마디로, 핵심을 한 줄로 만들어보는 것이다. 듣는 사람 머릿속에 핵심 하나만 남을 수 있도록.

어느 때보다 박빙이었던 제20대 대통령선거가 끝난 후 한 신문사에서 MZ세대에게 물었다. 이번 대선에서 가장 기억에 남는 공약이 뭐냐고.[5] 제일 많이 나온 대답이 무엇이었을까? 바로 아래의 공약이다.

여성 가족부 폐지

일명 '일곱 글자' 공약이었다. 여가부 폐지가 왜 필요한지, 폐지한 후엔 어떤 대안이 있는지 설명도 없었다. 그래서 비판도 받고 논란이 많았지만 어쨌든 핵심 하나만 던졌다. 다 버리고 핵심 하나만. 그랬기에 찬성하는 사람이든 반대하는 사람이든 기억에 남은 것이다. 설명은 뒤에 붙여도 된다. 중요한 건 핵심이다.

핵심 하나를 담았다면 다음엔 그 핵심에 집중해야 한다. 1992년 미국 대통령선거는 기존 대통령인 공화당의 조지 H. W. 부시와 민주당의 빌 클린턴, 그리고 무소속 로스 페로의 3파전이었다. 부시에 비해 아칸소 주지사인 클린턴은 정치경력이 별볼일 없었고 베트남전 병역기피 의혹까지 불거져 유리하지 않은 상황. 여기에 클린턴이 타고난 '정책벌레'라는 심각한 문제가 있었다.[6] 몇 개의 핵심 분야에 주력하는 것이 아니라 질문을 받을 때마다 다양한 정책에 대한 자신의 생각을 늘어놓기에 바빴던 것이다.

이에 참모인 제임스 카빌이 그 유명한 한마디를 던진다. "It's the economy, stupid!(경제라니까, 이 멍청아!)" 이것저것 찝쩍대기 좋아하는 정책 떠버리가 아니라 당시 경기침체로 치닫고 있던 미국 상황에 맞게 경제에 집중하라는 것이다. 다행히 클린턴이 말귀가 어둡지는 않았던 모양이다. 미국 42대 대통령으로 당선되었으니 말이다.

학교에서 강의를 할 때 학생들에게 가끔 이런 질문을 던진다. '전략'이 무엇이냐고. 다양한 정의가 있겠지만 전략은 '더하기가 아니라 빼기'다. 그리고 '선택과 집중'이다. 수많은 대안을 자꾸 더해가는 게 아니라 효율과 효과를 고려해 그중 하나를 선택하고 자원을 거기에 집중하는 것이다. 더하기는 쉬워도 빼는 것은 어렵다. 이것도 중요하고 저것도 필요해 보인다. '하나만 더 하나만 더' 남기다 보면 다 중요해 보이고 선택은 어려워진다. 그래서 핵심이 무엇인지를 먼저 정하고 핵심 하나에 집중해야 한다.

만약 누군가 학생들에게 내 수업에서 무엇을 배웠는지 질문을 한다면 이런 대답이 나왔으면 좋겠다. "나는 교수님께 포커스(focus)를 배웠습니다"라고. 어릴 때 돋보기로 종이 태우는 놀이를 종종 했다. 종이를 태우기 위해선 반드시 초점이 맞아야 한다. 그래야 에너지를 집중시킬 수 있기 때문이다. 집중된 에너지만이 종이를 태울 수 있다. 사진도 마찬가지다. 조리개의 초점이 맞지 않으면 흐리멍덩한 사진만 남을 뿐이다. 강력한 커뮤니케이션을 위해선 핵심에 포커스, 또 포커스 해야 한다.

개떡같이 말해도 찰떡같이 알아듣는 사람이 가끔은 있다. 하지만 대부분은 아니다. 그러라고 강요한다면 그건 폭력이다. 찰떡같이 말해야 찰떡같이 알아듣는다. '핵심(core)'이 곧 찰떡이다. 절약본능에 맞는 찰떡이다.

절약본능과 커뮤니케이션

- 뇌는 생각의 짠돌이다. 생각에 인색하고 생각하기 싫어한다.

- 버리는 게 얻는 것이다. 하고 싶은 이야기가 많을수록 썰어내야 한다. 상대에게 '남기고 싶은 하나'가 무엇인지 생각해보자. '남기고 싶은 하나'가 핵심이다. 그 하나를 선택하고 그 하나에 집중하면 커뮤니케이션에 힘이 생긴다.

- "믿음, 소망, 사랑 이 세 가지는 항상 있을 것인데 그중에 제일은 사랑이라." 66권이라는 길고 긴 이야기의 성경도 남긴 것은 '사랑' 하나다.

- '내 말을, 내 글을, 내 이야기를 '한마디로' 뭐라고 할 수 있지?' 이 '한마디로 연습'은 커뮤니케이션에 날을 세워준다. 생각을 간결하게 정리하는 데도 유용하다. 자주 연습해보자.

절약본능의 삶 ————

한 문장, 한 단어, 결정적 한마디…

일을 복잡하게 만드는 것은 간단한 일이지만
간단하게 만드는 것은 복잡한 일.
일명 메이어의 법칙(Meyer's law)이다.
그만큼 단순함은 쉽지 않은 문제다.

좋은 삶은 좋은 커뮤니케이션을 닮아 있다.

더하는 삶이 아닌 덜어내는 삶
꼭 해야 할 한 가지가 무엇인지 아는 삶
그래서 군더더기 없는 깔끔한 삶.

몸과 마음에 붙어 있는
수많은 떼어낼 것들을 버려가는 삶.

분명하게, 심플하게, 핵심으로.
표현도, 문장도,
삶도.

당신 인생의 핵심은 무엇인가?

100화소와 1000만 화소

어느 카메라로 찍은 사진을 사람들은 좋아할까?

흐릿한 사진을 좋아할 사람은 없다.

선명한 사진에 눈이 가고

그런 사진을 잘 나온 사진으로 꼽는다.

커뮤니케이션도 마찬가지.

선명해야 한다.

그려져야 한다.

잡힐 듯 보일 듯 직관적이어야 한다.

모호함은 생각의 본능을 거스르는 일.

보고 듣는 즉시,

떠오르고 이해할 수 있도록.

성공하는 커뮤니케이션은

매우 직관적이다.

02

척 보면 압니다

- 직관본능

두 시스템과 어림짐작〔heuristic〕

다음 문제를 한번 풀어보자. 먼저 양쪽 단어들을 위에서 아래로 훑어 내려가며 단어가 작으면 '작다' 크면 '크다'고 말해보라. 그후 다시 양쪽 단어들을 위에서 아래로 훑어 내려가되 단어가 양쪽 각각 중심의 왼쪽에 있으면 '왼쪽', '오른쪽'에 있으면 '오른쪽'이라고 말해보라.

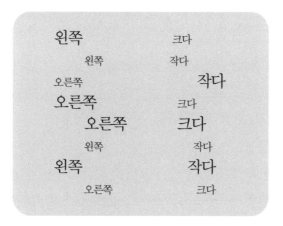

실제로 해보면 어떤 경우는 쉽고 어떤 경우는 조금 어려운 느낌이 들 것이다. '크다, 작다'로 말할 땐 좌측 단어들은 수월한 반면 우측 단어들은 속도가 느려지거나 말을 더듬는다. '왼쪽, 오른쪽'으로 말할 때는 반대로 우측 단어들이 훨씬 쉽다. 이것은 경우에 따라 다르게 작동하는 두 정신체계 때문에 일어나는 일이다. 행동경제학의 아버지라 할 수 있는 대니얼 카너먼은 이런 두 정신체계를 '시스템1'과 '시스템2'라고 설명했다.[1]

시스템1은 큰 노력 없이 저절로 빠르게 작동하는 체계로 스스로 통제할 줄을 모른다. 그리고 매우 직관적이다. 예를 들어 회사에 출근하기 위해 아침에 바지를 입었을 때 어느 쪽 다리 먼저 끼웠는지 기억하는 사람은 거의 없다. 대부분 무의식적으로 다리를 끼운다. 또 횡단보도 앞에서 파란불이 들어오면 일말의 고민이나 주저함 없이 대부분 불이 들어오기 무섭게 발을 뗀다. 이게 시스템1이다.

반면 시스템2는 복잡한 계산과 노력이 필요한 정신활동에 관여한다. 시스템1을 감시하며, 제한된 자원으로 최대한 통제력을 유지하려 한다. 지금 바로 365×37을 계산해보라. 계산기를 꺼내지 않는 한 암산을 하든 펜을 들고 써가며 계산하든 제법 생각해야 풀 수 있을 것이다. 이때 작동하는 생각체계가 시스템2다.

그런데 시스템2는 게으르다. 그래서 꼭 필요한 만큼만 노력을 쏟고 시스템1의 제안을 대부분 받아들인다. 논리적이고 의식적인 시스템2를 대개는 인간이 생각하는 방식으로 알고 있지만 사실 정신활동의 많은 부분은 시스템1에서 이루어진다. 무의식적으로 이루어지는 정신활동들이 대개 여기에 해당하는데 우리 삶의 95%가 바로 무의식에 의해 이루어진다.

이런 체계를 통해 뇌가 생각하는 방식이 휴리스틱(heuristic, 어림짐작)이다. 휴리스틱은 경험을 바탕으로 막연히 추측하는 것이다. 그것도 아주 빨리. 직관적으로. 생각의 구두쇠인 뇌가 에너지를 절약하기 위해선 생각의 프로세스를 가급적 짧게 가동해야 한다. 때문에 효율성 측면에서 보면 당연히 시스템1을 많이 활용할 수밖에 없다. 이처럼 시스템1을 통해 보는 즉시 바로, 가급적 빨리 생각하고 판단하려는 본능이 '직관본능'이다.

'싼 게 비지떡'이라는 말이 있다. 싼 제품은 별볼일 없고 비쌀수록 제품이 좋다는 의미다. 하지만 꼭 그런 건 아니다. 저렴해도 좋은 품질의 제품이 얼마든지 있다. '가성비' 좋다는 게 그런 경우 아닌가. 엄밀히 따지면 가격은 품질의 필수조건이 아님에도 불구하고 가격 하나만 보고 그 제품이 좋을지 나쁠지를 바로 판단한다. 직관본능 때문이다.

'보기 좋은 떡이 먹기도 좋다'는 말도 마찬가지다. 사실 먹음직하고 번지르르해도 맛이 별로인 경우가 많다. 외모는 그럴싸하지만 능력도 인성도 별로인 경우도 역시 많다. 그래서 사람을 외모로 판단하지 말라고 하지만 우리는 척 보면 바로 판단한다. 잘생긴 사람은 왠지 능력도 좋을 것이라고.

이런 직관본능에 따른 휴리스틱엔 3가지 종류가 있다. 각각의 경우를 살펴보고 커뮤니케이션 효과를 높일 수 있는 방법을 몇 가지 사례를 통해 소개해보겠다.

생생(生生)의 힘 - 회상용이성 어림짐작

....

아래 두 문장을 읽어보자.

치명적 사망률을 줄이기 위해 코로나 백신을 접종했을 때 0.001% 확률로 부작용을 일으킴

치명적 사망률을 줄이기 위해 코로나 백신을 접종했을 때 10만 명 중 한 명이 부작용을 일으킴

어느 문장이 더 바로 와닿는가? 두 번째 문장을 읽으면 마치 부작용을 일으킨 한 명이 즉시 떠오르는 듯한 느낌을 받는다. 이는 휴리스틱 중 회상용이성 어림짐작(availability heuristic)[2] 때문이다. '회상용이성 어림짐작'은 해당 사례가 얼마나 쉽게 머릿속에 떠오르느냐에 따라 그 규모나 빈도를 판단하는 것을 말한다. 예를 들면 삼풍백화점 붕괴, 성수대교 붕괴, 아현동 도시가스 폭발 등 대형 사고가 발생한 직후 1, 2개월간은 생명보험 신규계약 건수가 이전보다 10% 이상 늘었다.[3] 큰 재난 직후엔 재난에 대한 이미지가 생생하게 떠오르기 때문이다. 그러다 시간이 지나면 차츰 잊게 되고 다시 원래대로 돌아온다.

팀으로 작업할 때 자기 생각엔 팀에 공헌도가 매우 높은데 다른 팀원이 자기 공을 몰라준다고 섭섭해하는 경우가 있다. 이것 역시 회상에 차이가 나기 때문이다. 상대방의 노력보다 자기 노력이 훨씬 선명하고 쉽게 기억나기 마련이니까.

군대를 다녀온 사람들이 흔히 하는 말이 있다. 나는 어디서 근무했는데 정말 힘들었다는 이야기다. 그런데 가만히 보면 누구나 자기 보직이 제일 힘들었다고 한다. 굳이 비교를 해보면 분명 더 힘든 자리는 따로 있을 텐데 말이다. 그럼에도 자기 보직이 제일 힘든 것처럼 느껴지는 이유는 다른 보직보다 자기 보직이 제일 생생하게 기억나기 때문이다.

직관본능을 고려하면 커뮤니케이션은 구체적이어야 한다. 구체적이어야 머릿속에 그려진다. 그래야 쉽게 떠오른다. 사람들 마음속에 각인될 것인지 간과될 것인지는 얼마나 쉽게 머릿속에 떠오르느냐, 얼마나 생생하게 그려지느냐에 달려 있다.

물이 퍽 맑다
VS.
어찌 맑은지 돌 틈에 엎드린 고기들의 숨쉬는 것까지 보인다

근현대 소설가이자 문장가였던 이태준은 "'물이 퍽 맑다'라는 것과 '어찌 맑은지 돌 틈에 엎드린 고기들의 숨쉬는 것까지 보인다'고 하는 것이 다르다"고 했다. 둘 중 어느 것이 머리에 생생하게 그려지는가? 시각적 텍스트는 그런 측면에서 효과적이다. 시각적 텍스트는 듣거나 읽는 사람이 텍스트가 아닌 이미지로 받아들인다. 그런 만큼 더 강렬하고 오래 기억에 남는다. 다음 문장들을 읽어보자.

> 곤이가 씩 웃으며 내 손에 뭔가를 쥐어 준다. 손을 펼치자, 반투명한 구슬이 손바닥 위를 도르르 구른다. 중간에 웃는 표정 같은 둥근 선이 붉은색으로 그어져 있다. 구슬을 굴리자 붉은 선이 방향을 바꾸며 울었다 웃었다 한다. 자두맛 사탕이다.[4]

화제의 소설 《아몬드》의 문장이다. 어릴 적 즐겨 먹던 자두맛 사탕이 생생하게 그려진다. 어떻게 이런 구체적이고 살아있는 묘사를 할 수 있는지 감탄이 나올 정도다.

"첫 입은 설레고 마지막 입은 그립다"라는 명언을 남긴 이영자의 푸드텔링도 좋은 사례다. 몇 해 전 공중파 프로그램에서 개그우먼 이영자 씨가 던진 수많은 음식 묘사는 듣는 사람의 마음을 강렬하게 휘저어놓았다.

"서리태 콩고물은 고~~소하고 달콤~~하고, 내 몸에 들어가면서 오~~온몸에 촤아아악 흡수돼. 그래서 머리로 그 에너지가 촤아악 올라와. 두피 약한 부분에 촘촘히 에너지가 쌓여서 머리가 '사사사사삭' 이렇게 나. 향부터 끝내주지 않아요? 아무것도 안 넣은 서리태 그 자체예요. 아 머리 난다. 어우~ 송혜교가 부럽지 않아."

탈모에 좋은 서리태의 맛과 효능을 이렇게 표현했다. 임팩트 센한 편의 광고를 눈으로 보는 듯하다. 특유의 의성어가 생생함을 주고 무엇보다도 구체적인 묘사가 머릿속에서 살아 움직이는 느낌이다.

캐내면 할 수 있습니다. 케토톱.

오래전에 '케토톱' 광고를 5년 동안 만들었던 적이 있다. 케토톱은 1994년에 개발된 패치형 관절염 치료제로 없던 시장을 처음 만든 기념비적인 제품이다. '그 시장의 최초'라는 것이 20년 넘게 1위를 해온 힘일 수도 있겠으나 메시지도 단단히 한몫했다.

예전부터 케토톱은 '캐낸다'라는 메시지를 사용한다. "관절염, 캐내세요", "캐내면 할 수 있습니다" 등의 카피와 함께. 이 메시지는 케토톱의 '케'와 캐낸다의 '캐'가 동음이고, '관절염을 캐낸다'는 '치료한다'라는 의미로 딱 와닿는다. 그래서 '케토톱=캐낸다'가 쉽게 떠오른다. 여기에 관절염을 캐내는 상징적 비주얼이 늘 광고에 붙어 나온다. 생생하게 떠오르도록 회상용이성을 자극하고 있는 것이다. 바로 이런 요소가 케토톱을 장수 브랜드로 만든 원천 중 하나라고 할 수 있다.

머릿속에 그려져야 한다. 잡힐 듯(tangible), 보일 듯(visible) 생생하게. 실제 죽을 수도 있는 위험한 탐험도 위험 정도가 상상이 잘 안 되면 우리 뇌는 위험하지 않은 것으로 느낀다고 한다. 소련의 독재자 스탈린은 이렇게 말했다. 한 사람의 죽음은 비극이지만 100만 명의 죽음은 통계일 뿐이라고. 100만 명은 잘 그려지지 않기 때문이다. 시리아 난민문제가 발생했을 때 강 건너 불구경하던 세계인들의 마음을 때린 건 신문에 실린 사진 한 장이었다. 파도에 떠밀려와 모래에 얼굴을 파묻고 터키 해안가에서 죽은 채 발견된 세 살배기 아이의 사진 한 장.

메타포 - 지렛대 인지

············

1996년 개봉한 〈일 포스티노〉는 지금까지도 사랑받는 영화다. 원작은 칠레의 작가 안토니오 스카르메타가 쓴 《네루다의 우편배달부》다. 노벨문학상을 받은 시인 파블로 네루다와 청년 우편배달부 마리오의 따뜻한 우정을 그렸다.

내용 중에 이런 장면이 나온다. 네루다 시집을 산 마리오는 저자의 사인을 받고 싶어한다. 친근한 몇 마디가 곁들여 있는 그런 사인을. 그것으로 여자들을 꼬시려는 꿍꿍이가 있기 때문이다. 그러다 우연찮게 시집 전체를 읽고 시인이 되고 싶다는 생각을 하게 된다. 그러던 어느 날 네루다를 만나 이런 질문을 한다. 메타포가 뭐냐고. 네루다는 한 사물을 다른 사물과 비교해서 말하는 방법이라고 설명하면서 예를 하나 들어준다.

"좋아, 하늘이 울고 있다고 말하면 무슨 뜻일까?"

"그야 쉽죠. 비가 온다는 거잖아요."

"그래, 그게 바로 메타포야."

그러자 마리오가 말한다.

"선생님은 온 세상이 다 무엇인가의 메타포라고 생각하시는 건가요?"

우리는 메타포의 세계에 살고 있다. 시에도, 노래에도, 광고에도, 정치에도, 설법과 설교에도, 친구에게 던지는 가벼운 농담 속에도 수없이 많은 메타포가 등장한다. 가만히 생각해보면 우리 모두가 하루에도 정말 많은 메타포를 사용한다.

메타포는 어떤 것을 다른 것에 견주는 방법이다. 표현하려는 대상의 성질, 모양 등을 뚜렷하고 선명하게 해서 쉽게 이해시키고자 하는 것이다.[5] 메타포는 이미 알고 있는 개념에 올라타 대상을 더 생생하게 그려내는 아주 효율적인 '지렛대 인지'다. '직관본능'에 안성맞춤이다. 이런 측면에서 메타포는 '회상용이성'을 높이는 또 하나의 좋은 방법이라고 할 수 있다.

요가계의 샤넬, 룰루레몬

이 메시지를 보면 어떤 생각이 드는가? '요가계의 샤넬이라고? 럭셔리한 요가브랜드인가보군.' 이런 생각이 들지 않을까? 룰루레몬의 정체성과 위상이 바로 머리에 그려진다.

메타포는 이해가 쉽고 설득에 효과적이다. 추상적인 관념도 비유를 활용하면 강렬함과 선명성이 부각된 형상화(imagery)[6]가 가능해 직관본능을 충족시킬 수 있다. 또한 압축하고 응축해 짧게 표현함으로써 절약본능을 가진 뇌의 성향과도 잘 맞는다.

다음 표현을 보자.

음악은 삶의 사운드트랙

어떤 음악을 들으면 인생의 특정 순간이 떠오를 때가 있다. 그때 자주 듣던 음악이 그 순간과 하나로 연결되어 기억에 저장되기 때문이다. 가수 김광석의 '이등병의 편지'라는 노래를 들으면 군 입대 전 친구들과 술 한잔 하던 장면이 떠오르고, 김윤아의 '고잉홈'을 들으면 유난히 길고 힘들었던 하루를 마치고 터덜터덜 집으로 돌아가던 내 모습이 그려진다. 이처럼 음악이 삶의 한 순간을 형상화한다는 측면에서 '사운드트랙'이라는 표현은 공감도 높은 메타포라고 할 수 있다.

우주선 버전 죠스

영화계에서도 메타포는 매우 유용한 커뮤니케이션 수단이 되곤 한다. 영화는 일종의 상품이다. 팔리는 영화, 즉 돈이 될 것 같은 영화에 투자자들이 몰리는 건 그래서 당연한 일. 따라서 시나리오를 검토할 때 투자를 결정하도록 설득하는 것은 굉장히 어렵고도 중요한 문제가 된다. 이때 자주 활용하는 방법이 '하이콘셉트'다. 하이콘셉트는 수백 개의 시나리오를 검토해야 하는 투자자들이 보는 즉시 영화 내용을 파악할 수 있도록 도와준다. 예를 들면 영화 〈스피드(speed)〉는 '버스 버전 다이하드(Die Hard)', 〈에일리언(Alien)〉은 '우주선 버전 죠스(Jaws)' 같은 식으로 표현하는 것이다.[7] 이 간결한 문구 하나로 감독으로는 누가 좋을지 예산은 얼마나 들지, 배우는 어떤 캐릭터의 스타를 기용할지, 개봉은 어느 시즌이 좋을지가 떠오른다. 메타포를 유효적절하게 활용한 사례라고 할 수 있다.

연금곡

2021년, 오디션 프로그램 〈싱어게인〉의 TOP3 중 하나인 이무진은 어린 나이에 비해 탁월한 실력과 독특한 보이스로 주목받았다. 좋은 모습을 보여준 그에게 많은 언론들이 인터뷰를 요청하며 이런 질문을 한다. 장차 꿈이 뭐냐고. 이무진은 재치 있게 메타포로 답한다. 자기 꿈은 '연금곡'을 만드는 것이라고. 연금곡! 시즌이 되면 되살아나 음원차트를 휩쓸고 쏠쏠한 저작권료를 연금처럼 안겨주는 그런 곡. 예를 들면 장범준의 '벚꽃 엔딩'은 봄날의 대표적인 연금곡이다. 봄만 되면 살아나서 꼬박꼬박 저작권료를 그에게 안겨준다고 해 '벚꽃연금'이라고도 부르지 않던가.

메타포를 활용한 커뮤니케이션은 쉽고 직관적일수록 좋다. 원관념(표현하고자 하는 것)을 위한 보조관념(표현을 위해 차용한 관념)이 모호하거나 너무 어려우면 오히려 역효과가 날 수 있다. 많은 생각을 필요로 할수록 뇌는 많은 에너지를 써야 하기 때문이다. 너무 어렵지 않고 상황에 잘 맞는 보조관념이라면 무엇이든 강력한 메타포로 활용될 수 있다.

지구에서 제일 많이 팔린 책이라는 성경에는 예수의 많은 비유가 나온다. 비유를 사용한 이유는 경우에 따라 다를 수 있지만 많은 경우 쉬운 비유로 사람들을 이해시키고자 했던 까닭이다. 예수의 메타포에는 수많은 사람을 움직인 힘이 있었다. 그는 어쩌면 인간의 휴리스틱을 이미 간파하고 거기에 딱 맞춘 그만의 맞춤처방으로 메타포를 사용한 게 아니었을까?

하나로 열을 본다 - 대표성 어림짐작

....

미국 역대 대통령 중 가장 잘생긴 대통령은 누구일까? 잘생겼다는 것은 보는 사람의 기준이나 취향에 따라 다를 수 있겠지만 대체로 알려지기는 제29대 대통령 워런 하딩(Warren Gamalie Harding)이다. 그가 출마해 압도적인 표차로 당선된 데는 그의 외모가 단단히 한몫을 했다. 훤칠한 키와 조각 같은 얼굴에서 뿜어져 나오는 아우라. 사람들은 그를 단번에 대통령감이라고 생각했다. 미국 경제는 물론 당면한 모든 문제를 해결해줄 수 있는 능력자로 봤던 것이다. 그러면 당선된 뒤엔 어땠을까?

지금도 미국 사람들은 그를 역대 최악의 대통령, 대통령이라고 할 수 없는 대통령으로 꼽는다. 친구들을 대거 참모로 앉히고 저녁엔 위스키와 포커로 시간을 보냈다. 뭐 하나 제대로 한 일이 없는데 재임중 돌연사하고 만다. 겉모습에 반해 뽑았지만 무능해도 너무 무능했던 대통령. 여기서 '워런 하딩의 오류'라는 말이 나왔다. 외모로 사람을 판단할 때 생기는 오류를 일컫는 말이다. 이런 오류는 사실 흔하게 일어난다. 다음 문제를 맞혀보자.

팔에 문신을 하고 짧은 머리에 체격이 건장하다. 옷은 검은 양복을 입고 있다. 이 사람의 직업은 무엇일까?

(1) 대학교수   (2) 피아니스트   (3) 조직폭력배

무엇이라고 답했는가? 아마 1번과 2번이라고 답한 사람은 거의 없을 것이다. 그런데 문신을 했다고 해서 또는 머리가 짧고 체격이 좋다고 해서 직업이 대학교수나 피아니스트가 아니란 법이 있을까?

사람들은 대개 한두 가지 작은 단서로 전체를 판단하려 한다. 이런 성향이 바로 '대표성 어림짐작(Representativeness heuristic)'이다. 흔히 '하나를 보면 열을 안다'는 말을 하는데 이게 대표성 휴리스틱을 나타내는 말이다.

많은 단서를 살펴보고 깊게 생각해 판단하려면 시스템2가 적극적으로 개입해야 한다. 그러면 뇌는 많은 에너지를 쓰게 된다. 그렇기 때문에 제한된 증거로 서둘러 결론을 내리고 싶어하는 것이다.

'보이는 것이 전부(WYSIATI : What you see is all there is)'[8]가 되는 까닭이다.

이런 현상은 시스템1이 원형, 전형(prototype)을 만들기 좋아하는 것과 관련이 있다.[9] 사람들은 보통 일정한 범주를 대표하는 것을 하나의 원형, 전형으로 정해 그 집단의 대표 이미지로 기억한다. 이것이 전형적 이미지다. 그런데 더러는 전형적 이미지가 맞지 않는 경우도 있다. 예를 들어 마르고 키가 큰 운동선수는 축구선수가 아닌 농구선수일 것이라고 생각한다. 그 모습이 농구선수의 전형이기 때문이다. 하지만 실제로 꼭 그런 것만은 아니다.

최근 MZ세대를 중심으로 MBTI 테스트가 유행하고 있다. 자신의 성격을 유형화한 결과로 쉽게 확인할 수 있어 인기다. 이제는 기업에서까지 신입사원 지원서에 MBTI를 기재하라고 하는 경우도 있다. 이런 MBTI도 범주화를 통해 각각의 전형을 만든 것이라고 할 수 있는데 역시 오류가 있다. 우선 통계적으로 성격분포가 한 집단과 다른 집단이 뚜렷하게 구분되지 않는 경우가 많다. 예를 들어 외향형(E)과 내향형(I) 중 약간의 점수차 때문에 외향형으로 살짝 치우친 경우 딱 잘라 외향형이라고 할 수 있느냐는 것이다.[10]

또 만일 내가 싫어하는 사람과 동일한 MBTI를 가진 어떤 사람을 만났다고 하자. 과연 그 사람의 MBTI 유형이 내가 싫어하는 사람과 같다고 해서 '저 사람도 똑같을 거야'라고 낙인 찍고 쉽사리 판단할 수 있을까?

그럼에도 머릿속에서 전형이 만들어지는 현상을 피하기는 쉽지 않다. 전형은 절약본능은 물론 직관본능을 너무도 쉽게 충족시켜주기 때문이다. 이는 종종 대상을 있는 그대로 경험하기보다 자기 생각대로 경험하는 확증편향(confirmation bias)으로 이어지곤 한다. '히틀러는 강아지와 어린아이를 좋아했다'라는 말이 아무리 들어도 충격적인 이유는 악마 같은 인간의 전형과 그 말이 전혀 어울리지 않기 때문이다.[11]

실천하는 경제대통령

그러면 '대표성 휴리스틱' 측면에서 어떻게 해야 사람을 움직이는 커뮤니케이션을 할 수 있을까? 한 가지 방법은 표현하려는 대상의 대표 이미지가 잘 담길 수 있도록 메시지를 구성하는 것이다. 우리나라 제17대 대통령선거에서 당시 이명박 후보는 압도적 표차로 당선된다. 그때 슬로건이 "실천하는 경제대통령"이었다. 현대건설 신화를 바탕으로 쌓여온 이미지, 즉 성공한 경제인 출신이라는 그의 전형적 이미지를 슬로건에 그대로 담았다. 경기침체기였던 상황에서 경제를 살려 잘살게 해주겠다는 그의 말은 '경제 하면 이명박이지'라는 대표 이미지와 결합하면서 유권자의 마음을 흔들었다.

전형성이 없는 경우엔 어떻게든 해당 분야의 대표라는 인식을 심어주는 것이 중요하다. 1997년 이마트는 우리나라 최초로 '최저가 보상제'를 도입한다. 이마트에서보다 싸게 산 증거를 보여주면 차액을 돌려주겠다고 약속한 것이다. 이런 '최저가 보상'이라는 메시지를 통해 이마트는 '물건을 가장 싸게 파는 곳'이라는 대표 이미지를 소비자들에게 심어줄 수 있었다.[12]

같은 이유로 모든 브랜드들은 카테고리의 대표가 되거나 대표속성을 선점하고 싶어한다. "피로회복엔 박카스"라는 말도 그 카테고리의 대표라는 걸 강조하기 위한 문구다. 가장 좋은 건 아예 그 카테고리의 대명사가 되는 경우다. 1회용 밴드를 구입하기 위해 약국에 가면 아직도 "대일밴드 주세요"라고 말하는 사람들이 많다. 스카치테이프(테이프), 크리넥스(화장지), 구글(검색)의 경우도 같은 사례라고 하겠다. 광고에서도 '업계 1위'라는 것을 강조하는 광고를 종종 볼 수 있다. '0000년 매출 1위', '10년째 1위' 등 1위를 유독 강조한다. 그 제품군에서 가장 많이 팔리는 대표 브랜드라는 이미지를 심기 위해서다.

하버드대학 재학생 필독서

'후광효과(Halo effect)'도 일종의 '대표성 휴리스틱'이라고 할 수 있다. 어느 날 서점에 책을 사러 갔는데 어떤 책에 '하버드대학 재학생 필독서'라고 쓰여 있다면 아마 아무것도 안 쓰여 있을 때보다 책을 집어들 확률이 올라갈 것이다. 유명인사의 말을 인용하는 것도 마찬가지다. 만약 럭셔리에 대한 정의를 이야기할 때 "럭셔리의 반대는 빈곤함이 아니라 천박함이다"라는 코코 샤넬의 말을 인용한다면 주목도는 물론 받아들이는 정도가 달라질 수 있다. 후광효과를 활용하는 것은 그 분야의 대표를 슬쩍 업고 이야기함으로써 상대가 쉽게 받아들이도록 하기 위한 노림수라고 하겠다.

'오리지널', '최초', '원조', '진짜'라는 메시지에 사람들이 반응하는 것도 대표성 휴리스틱 때문이다. 오래전, 여행을 다녀오다 강원도 안흥에 들른 적이 있다. 온 마을이 다 찐빵을 팔고 있는 아주 재미있는 곳인데 어디가 원조집인지 궁금해 근처 구멍가게에 들어가 물어봤다. 그러자 구멍가게 주인은 짜증스러운 얼굴로 이렇게 투덜댔다. 오는 사람마다 물어보니 아주 미치겠다고. 안흥에 왔던 사람들은 모두 직관본능에 따라 '대표성 휴리스틱'으로 제일 맛있는 집을 찾고 있었던 것이다.

진짜 스타일러는 스타일러뿐입니다.

LG트롬 스타일러가 대표성을 강조하기 위해 사용한 메시지다. 그런데 재미있는 것이 하나 있다. 검색창에 '삼성 스'를 입력하면 '삼성 스타일러'가 자동 완성되어 뜬다. 코웨이의 경우도 마찬가지다. 같은 유의 제품을 삼성은 '에어드레서', 코웨이는 '의류청정기'라는 이름으로 차별화하려고 노력하는데도 말이다. 이것은 사람들이 이미 이 카테고리 제품을 스타일러라고 부르기 시작했다는 것을 보여준다. 대표성을 선점한 브랜드가 갖는 힘이다.

대표성을 획득하기 위해선 전문성을 강조하거나 대표속성, 리더 이미지 등을 통해 전형성을 확보하는 게 중요하다. 우리의 직관본 능은 바로 알아볼 수 있는 한 가지, 좋아할 만한 한 가지를 원하기 때문이다. 열을 보게 하는, 열을 알게 하는 대표적인 하나. 필요한 건 그 하나다.

기준! - 기준점 어림짐작

....

초중고 시절 체육시간을 떠올려보면 수업 시작과 함께 제일 먼 저 하는 것이 줄서기였다. 선생님이 한 친구를 '기준'으로 지명하면 그 친구가 "기준!"이라고 외치면서 팔을 높이 든다. 그러면 동시에 모든 아이들이 "하나, 둘 야!"를 외치며 거기서부터 팔을 벌려 간격 을 맞추고 대형을 만든다. 그때 기준이 누구냐가 중요했다. 그에 따 라 대형이 이렇게 저렇게 바뀌곤 했으니까.

줄을 맞추는 일뿐만 아니라 무언가를 판단하거나 의사결정을 할 때도 기준이 필요하다. 기업에서도 성장률을 따질 때 '전월대비, 동 기대비, 전년대비' 식으로 기준을 정해 비교를 한다. 시스템1은 이 기준을 좋아한다. 직관본능 때문이다. 기준이 있어야 직관적으로 생각하기 좋고 판단도 빠르게 할 수 있으니까.

아래의 두 문구를 읽어보라. 어떤 생각이 드는가?

1) 에르메스 버킨백, 정가 1,000만 원, 70% 세일 300만 원.

2) 아프리카 라이베리아 국민소득은 100달러보다 많은가?

먼저 1)번 문구를 보자. 만약 제품 옆에 이렇게 쓰여 있다면 어떤 느낌이 들겠는가? '와! 버킨백을 70%나 세일을 하네. 대박, 이거 무조건 사야 하는 거 아냐?' 이런 생각이 들 수 있다. 그러나 잘 생각해보면 70% 세일이라고 해도 300만 원이라는 금액은 큰돈이다. 1,000만 원이라는 가격이 기준이 돼 비싸다는 생각이 잘 안 들 뿐이다.

다음으로 2)번을 보자. 이렇게 질문을 하면 라이베리아를 잘 모르는 사람은 아마도 100달러가 그 나라의 국민소득일 것이라고 생각한다. 그리고 그 생각을 뒷받침하기 위해 '아프리카의 가난, 전쟁, 부패, 기아' 등을 떠올린다.

반대로 '라이베리아 국민소득은 1만 달러보다 많은가?'라고 질문을 하면 라이베리아를 잘 모르는 사람은 1만 달러에 앵커링돼 그 나라의 국민소득이 1만 달러 정도일 거라고 생각한다. 그리고 그 생각을 지지하기 위해 '잘 알려지지 않은 아프리카 부국, 아프리카의 일부 원유 생산국' 등을 떠올리며 라이베리아 국민소득을 평가하게

된다.[13]

이런 현상을 '기준점 어림짐작(anchoring heuristic)' 또는 '앵커링 효과(anchoring effect)'[14]라고 한다. 마치 배가 닻(anchor)을 내리고 그곳에 정박하면 닻줄 거리 안에 있게 되는 것처럼 기준점을 중심으로 주어진 조건에서 크게 벗어나지 못하고 제한된 판단을 하게 되는 것을 말한다.

2019년 당시 미국 대통령이었던 도널드 트럼프는 대한민국 정부에게 방위비 분담금을 기존대비 5배 이상(50억 달러, 약 6조 원) 증액해달라고 요구했다. 1조 원 정도였던 방위비를 6조 원으로 올려달라는 것이다. 이렇게 되면 방위비 분담금을 협상할 때 기준이 6조가 된다. 협상을 할 때 아무리 깎아도 적지 않은 금액을 분담해야만 한다.

협상의 귀재라는 트럼프는 앵커링 효과를 잘 활용해 부동산 재벌이 될 수 있었다고 털어놓은 적이 있는데 정치협상에서도 그 방법을 사용했다. 무조건 세게 부르는 전략으로. 그래야 그 금액에 앵커링돼 거기서부터 협상이 시작될 테니까. 이에 대해 과거 틀에서 너무 벗어났다는 점을 들어 우리나라는 안 된다고 버텼다. 앵커링으로 그물을 던진 트럼프의 기술을 잘 피한 셈이다.

명품들은 대부분 가격이 비싸다. 원가가 높은 경우도 있으나 대개는 원가에 비해 상당히 높은 고가 전략을 일부러 취한다. 가격이 비싸면 사람들이 고급 제품, 품질 좋은 제품으로 생각하기 때문이다. 가격이 앵커로 작용한 기준점 휴리스틱이다.

제품 가격이 오르는데 오히려 잘 팔리는 경우가 있다. 그런 제품을 살 만한 부와 능력이 있다는 것을 보여주고 싶은 과시적 소비 때문에 일어나는 현상이다. 이를 '베블런 효과(Veblen effect)'라고 하는데 이 경우도 역시 가격이 기준이 된다.

맥주의 90%는 물, 어느 맥주를 드시겠습니까?

앵커링 효과를 고려하면 커뮤니케이션에 어떤 기준을 심을 것인가가 중요해진다. 1990년대 초까지만 해도 맥주 시장에서는 OB맥주가 압도적 리더였다. 당시는 '맛'에 대한 이야기들이 주된 메시지였고 경쟁도 맛을 중심으로 이루어졌는데 조선맥주 크라운의 경우 OB보다 다소 쓰다는 인식이 지배적이었다. 그런 상황에서 조선맥주는 '하이트'라는 새로운 브랜드를 출시하면서 '지하 150m 천

연 암반수로 만든 맥주'라는 메시지를 내놓는다. 1991년 두산전자 페놀사태로 수질오염에 대한 경각심이 높아진 상황에서 '물'을 새로운 기준으로 제시한 것이다. 사실 맥주는 많은 부분이 물이다. 물이 중요하고 따라서 물이 좋으면 맛도 좋을 것이라고 생각할 수 있다. 하이트는 이런 소

비자 인식을 '천연 암반수'라는 기준을 통해 창출함으로써 시장을 뒤엎었다. 그 이후엔 소주 시장에서도 '알칼리 환원수' 같은 메시지가 나올 정도로 술과 관련해서 '물'은 더 이상 낯선 것이 아니게 되었다.

제로소주

하이트가 새로운 속성을 기준으로 제시한 사례였다면 소비자의 '충족되지 못한 욕구(unmet needs)'를 기준으로 제시한 경우도 있다. 탄산음료 시장에 등장한 '제로'다. 탄산음료는 그 인기가 식을 줄 모르는데 톡쏘는 청량감과 시원함이 좋기 때문이다. 특히나 코로나 팬데믹 때는 답답함과 스트레스를 풀기 위해 탄산음료를 더 많이 찾기도 했다. 하지만 비만의 원인으로 지목되는 터라 마시면서도 늘 찜찜함을 떨쳐버리진 못한다. 이런 상황에서 최근 '헬시플레저(Healthy pleasure)' 트렌드에 발맞춰 '제로탄산'이 등장했다. 콜라도 제로, 사이다도 제로, 과즙탄산, 저탄산 할 것 없이 너도나도 제로를 외치고 있다. 시원하고 기분 좋은 탄산음료를 건강 걱정 없이 0kcal(제로)로 마시라는 것이다. 이 기준으로 인해 탄산음료를 마실 때 이제는 제로인가 아닌가를 생각하게 된다. 제로열풍은 탄산음료를 넘어 현재 소주 시장에까지 불을 놓은 상태다.

직관본능을 고려해 사람을 움직이기 위해서는 머릿속에 닻을 내릴 수 있는 기준을 찾아야 한다. 그래서 그 기준을 중심으로 생각하고 움직이도록 커뮤니케이션해야 한다.

별이 다섯 개

조금은 투박하지만 재미있는 광고가 하나 있다. 지금도 종종 보이는 '장수 돌침대' 광고다. 보통 침대 광고라고 하면 그 침대만의 특징을 이야기하는 게 일반적이다. 매트리스가 특별하다거나 스프링에 과학이 숨어 있다거나 하면서. 그런데 장수 돌침대는 무조건 '별이 다섯 개'를 말한다. 처음부터 지금까지 초지일관이다. 돌침대라는 물성도 특이한 부분이라 그에 관한 설명이 주가 될 법도 한데 그런 건 전혀 없다.

생각해보면 모든 평가는 다섯 개의 별 안에서 이루어진다. 온라인에서 흔히 보는 다양한 후기와 평가도 별점 다섯 개가 만점이다. 따라서 '별이 다섯 개'라고 하면 다른 설명을 안 해도 품질이 최고일 것이라는 생각이 든다. 장수 돌침대는 기준점 휴리스틱을 활용해 연상적 일관성을 만들어내고 있는 것이다.

기준을 잡는 것은 중요한 일이다. 생각뿐만 아니라 행동도 자기가 세운 기준 범위 안에서 움직이는 경우가 대부분이기 때문이다. 가끔은 일탈도 있다. 하지만 기준이 없으면 일탈인지 아닌지조차 모른다. 인간은 늘 기준을 필요로 한다.

직관본능과 커뮤니케이션

- 인간의 정신체계를 구성하는 것은 시스템1과 시스템2다. 시스템2는 게으르고 시스템1은 빠르며 직관적이다. 우리의 정신활동은 직관본 능의 시스템1에서 많이 이루어진다.

- 이런 체계를 통한 생각의 방식이 '휴리스틱'이다. 휴리스틱엔 회상용 이성 휴리스틱, 대표성 휴리스틱, 앵커링 휴리스틱이 있다.

- '신은 디테일에 있다'고 한다. 커뮤니케이션의 신은 '구체성'에 있다.

- '시든 말'과 '싱싱한(生) 말'이 있다. '싱싱한 말'은 선명하다. 잡힐 듯, 보일 듯 그려진다. 뇌는 그런 말을 좋아한다.

- 메타포를 연습해보자. 메타포의 달인 치고 말 못하는 사람이 없다.

- 대표성에는 대가가 따른다. 하나로 전체를 판단하기에 그 하나가 중 요하다. 잘못된 하나는 궁극적으로 모두를 불행하게 만들기도 한다.

- 메시지에 기준을 심는 것은 생각의 나침반을 심는 것과 같다.

직관본능의 삶 ————

인생이 불안한 건
보이지 않기 때문이다.
보이지 않는 건 통제할 수 없다.
그래서 인간은 늘 불안하다.

미래는 보이지 않지만 그래도 볼 수 있는 것이 있다.
내가 부여잡은 마음.

선명한 커뮤니케이션이 사람을 움직이듯
선명한 마음가짐이 인생을 바꾼다.

모호함 속에 숨지 않는
선명하고 건강한 마음.

그 마음이 곧
내 삶이다.

Opener

우리는 감정을 하찮게 여긴다.
자제하고 절제하고 숨겨야 하는
마이너스의 대상으로 생각한다.

그러나
커뮤니케이션의 핵심은 감정이다.

이성과 논리는 생각하게 만든다.
감정은 움직이게 만든다.

감정(emotion) 속엔 행동(motion)이 숨어 있다.

사람을 움직이는 커뮤니케이션의 중심엔
언제나 '감정'이 있다.

03

커뮤니케이션은 감정의 연금술

- 감정본능

　본격적으로 이야기를 시작하기 전에 소개하고 싶은 영상이 하나 있다. 'Power of words'라는 짧은 영상인데 이 흥미로운 이야기의 주인공은 앞을 볼 수 없는 장애인이다. 그는 유럽의 어느 광장 계단 아래 앉아 있다. 빈 깡통과 "I'M BLIND. PLEASE HELP!(저는 시각장애인입니다. 도와주세요!)"라고 쓴 골판지를 앞에 놓고서. 많은 사람들이 그 앞을 지나지만 정작 깡통에 돈을 집어넣는 사람은 별로 없다. 그러던 중 멋지게 차려 입은 젊은 여성 하나가 장애인 앞을 지나다 되돌아와 골판지를 유심히 본다. 그러더니 골판지를 들어 뒷면에 뭔가를 써놓고 가던 길을 계속 간다. 그 이후부터는 땡그랑 소리와 함께 깡통에 돈이 쌓이기 시작한다. 순식간에 깡통이 차고 그때 골판지에 새로 쓰인 글귀가 클로즈업된다. 거기엔 이렇게 쓰여 있었다.

"IT'S A BEAUTIFUL DAY,
AND I CAN'T SEE IT"

'앞을 볼 수 없으니 도와달라'는 팩트만 전달했을 때 사람들은 움직이지 않았다. 제대로 소통되지 않은 것이다. 그러나 '이토록 아름다운 날을 나는 볼 수가 없다'고 이야기하자 사람들은 동정했고 움직였다. 이것이 감정을 건드린 커뮤니케이션의 힘이다.

'가는 말이 고와야 오는 말이 곱다'라는 속담이 있다. 말이 오고 가는 것은 소통이다. 그런데 곱다는 건 정보와 함께 좋은 감정을 보내고 받는다는 것이다. 만약 커뮤니케이션이 정보만 잘 전달하고 받는 것이라면 '가는 말이 옳아야 오는 말이 옳다' 또는 '가는 말이 정확해야 오는 말이 정확하다'라고 해야 맞다. 그런데 그런 말은 없다.

누구나 이런 경험이 한번쯤은 있을 것이다. 상대방이 하는 말이 다 맞는 말인데 이상하게 받아들이기 싫었던 경험, 왠지 얄밉고 그냥 싫어서 괜히 삐딱하게 반응했던 그런 경험 말이다. 바로 '감정본능' 때문이다. 커뮤니케이션이 잘 되기 위해선 감정이 핸들링되어야 한다.

최근엔 물건을 살 때 사전 검색을 통해 상품평이나 후기를 꼼꼼히 살펴보는 것이 흔한 일이 되었다. 합리적 소비를 위한 매우 이성적인 행동이다. 그런데 재미있는 것은 이런 후기나 댓글에서 느껴지는 감정들이다.

"너~~무 좋아요, 아빠가 만족해서 넘 흐뭇했어요."

"우왕, 깜놀. 이 가격에 이런 퀄리티라니!!"

"이건 아니지 싶습니다. 한 번 입었는데 보풀이 나요. 헐. 비추 비추."

뭐가 느껴지는가? 후기를 쓴 사람들은 희로애락의 감정을 자연스럽게 쏟아놓고 있다. 팩트를 말한다면서 감정을 실어 나르고 있는 것이다. 그것은 읽는 사람의 감정에 다시 영향을 미치고 그들을 움직이게 한다.

메시지의 힘을 다룬 《스틱(Stick)》이라는 책에 이런 말이 나온다. "분석은 생각을, 감정은 행동을 일으킨다." 커뮤니케이션은 논리의 문제가 아니다. 커뮤니케이션은 감정의 문제다. 사람을 움직이는 커뮤니케이션의 중심엔 언제나 감정이 있다.

이성과 감정 - I feel therefore I am

....

"남자가 흘리지 말아야 할 것은 눈물만이 아닙니다."

남자 화장실에 가면 자주 보게 되는 메시지다. 대개 소변기 위에 붙어 있는데 제발 흘리지 말고 일을 잘 보라는 이야기다. 그런데 하필 눈물을 가져왔다. 오랜 통념이지만 의구심이 든다. 남자가 울면 안 되는 건가? 운다는 건 감정을 표현한다는 것인데 그게 나쁜 일인가?

흔히 그런 말들을 한다. "감정을 드러내지 마라." "넌 너무 감정적이다." 부정적이고 나쁜 뉘앙스로 감정을 거론하는 말들이다. 여기엔 이성은 고차원, 감정은 저차원이라는 생각이 담겨 있다. 사람들은 합리적인 것과 비합리적인 것, 바람직한 것과 그렇지 않은 것으로 이성과 감정을 대립시켜왔다. 억누르고 억압하고 싸워야 할 대상으로 감정을 홀대해왔던 것이다.

이성을 감정보다 우월한 것으로 보는 생각은 17세기 프랑스 철학자 데카르트의 합리주의에서 시작된다. 그는 인간의 이성이 모든 과학인식과 지식의 근원이라고 생각했다. 즉 이성적 사유야말로 인간 존재 자체를 규정하는 근거로 본 것이다.[1] 데카르트 이후 서구사회의 주류가 된 이런 생각은 1970년대까지도 사회과학자들이 인간 본성에 대해 다음과 같이 생각하도록 만들었다.

첫째, 인간은 대체로 합리적이며 인간의 생각은 대개 건전하다는 것. 둘째, 두려움, 애정, 증오 같은 감정은 인간을 합리성에서 멀어지게 하는 가장 중요한 요인이라는 것.[2]

이런 생각들은 이후 뇌과학과 경제학, 심리학, 사회학 등 다양한 학문 분야를 통해 바뀌게 된다. 특히 행동경제학자 대니얼 카너먼과 아모스 트버스키(Amos Tversky)는 평범한 사람들에게 나타나는 체계적 오류는 사고를 방해하는 감정이 아니라 타고난 인지체계 때문임을 밝혔다.[3] 2장에서 살펴봤듯이 시스템1과 시스템2를 가진 인간은 휴리스틱 사고(heuristic processing)를 많이 한다. 오류는 여기서 발생하는 것이지 감정 때문이 아니라는 것이다.

감정이 없다면, 그래서 이성과 논리로만 판단한다면 제대로 된 합리적 판단을 하기가 어려워진다. 1800년대 중반, 미국의 철도 공사 현장을 지휘하던 피니어스 게이지(Phineas Gage)는 폭발사고로 철근이 머리를 관통하는 사고를 당했다. 이 사고로 감정을 담당하는 복내측 전전두엽이 파괴되었지만 다행히 극적으로 살아났다. 그런데 사고 이후 그는 지킬 박사와 하이드처럼 전혀 다른 사람이 된다. 사고 전에는 성실하며 사교적이고 진지했던 그가 사고 후 폭발적인 성격으로 변한 것이다.[4] 게이지는 논리적인 판단에는 별다른 어려움이 없었지만 그의 행동은 반사회적이고 비도덕적인 모습으로 이어졌다. 당연히 제대로 된 사회생활은 불가능했다.

복내측 전전두엽은 변연계에서 생성된 1차 감정정보를 전달받아 여기에 사회적 요소를 덧붙여 2차 감정을 생성한다. 2차 감정은 사회적이고 도덕적인 감정반응이기 때문에 복내측 전전두엽이 파괴되면 의사결정에서 이런 감정을 전혀 반영할 수 없다. 이 부분이 파괴된 게이지는 감정이 개입되지 않은 판단만 할 수 있었으며 그 결과 반사회적이고 비도덕적인 행동을 하게 된 것이다.[5]

이런 사례에서 볼 수 있듯 감정이 없으면 인간은 합리적이고 정확한 판단을 할 수 없다. 여기엔 감정이 인류 생존에 깊이 관여해온 과정이 존재한다. 만약 집에 불이 났다고 가정해보자. 이럴 경우 불에 대한 무서운 감정을 느끼며 어떻게 대처할 것인지를 판단하게 된다. 천장까지 활활 타는 대형 화재라면 재빨리 몸을 피할 것이고 쓰레기통에 불이 나는 정도면 불을 끄려고 할 것이다.[6] 이것은 불에 대한 경험과 기억이 인출된 결과다. 더 정확히 말하면 '감정 기억'이 인출된 것이다. '불은 뜨겁다, 고통스럽다, 생명을 앗아가기도 한다, 그래서 무섭고 공포스럽다'라는 불에 대한 경험이 감정을 만들고 그것이 기억으로 저장되어 나타나게 된다. 결국 인간의 기억은 '감정에 물든' 기억이며 이에 따라 입력된 감각 역시 '감정에 의해 채색된' 감각이라고 할 수 있다.[7]

그 옛날 길을 가다 호랑이를 만난 사람들은 뒤도 돌아보지 않고 달아났을 것이다. '호랑이는 인간보다 힘이 센 맹수이기에 무섭다'라는 '감정 기억'이 본능적으로 행동을 이끌었기 때문이다. 그 결과 호랑이 밥이 되지 않고 인간은 생존할 수 있었다.

디지털 시대가 된 후 소통을 위해 사람들은 메신저를 많이 쓴다. 그런데 재미있는 것은 메신저를 쓸 때 이모티콘을 사용한다는 것이다. 텍스트만으로 할 이야기를 하고 들을 이야기를 들으면 되는데 굳이 이모티콘을 앞뒤에 붙이곤 한다. 왜 그럴까? 텍스트만으로는 정확한 소통이 어렵기 때문이다. 완전한 소통이 이루어지려면 감정이 소통되어야 한다. 감정을 모르면 불안하다. 얼굴 보고 이야기할 때는 말 자체뿐만 아니라 상대방의 표정, 호흡, 전체적인 느낌과 분위기를 알 수 있다. 말의 맥락을 파악할 수 있어 정확한 판단이 가능하다. 그런데 텍스트로만 이야기하면 그걸 알 수 없다. 혹시 오해할까 봐 전전긍긍하기도 한다. 그래서 이모티콘을 앞뒤, 중간 가리지 않고 남발하다시피 붙여댄다.

이모티콘은 1982년 9월 19일 오전 11시 44분 미국 카네기멜런 대학 게시판에 처음 등장했다. 당시 학과 내 인트라넷에서 글의 뉘앙스를 오해한 이용자들이 자꾸 싸움을 벌이자 컴퓨터공학과 스콧 팔먼 교수는 이런 제안을 한다. 쌍점(:), 하이픈(-), 괄호()를 이용해 사람의 눈, 코, 입을 형상화해서 유머글엔 ;-), 진지한 글엔 ;-(표시를 문장 뒤에 붙이자고.[8] 정확한 소통을 위해서는 감정까지 전달할 필요가 있었고 또, 상대방의 감정을 정확히 알아야만 했던 것이다.

'감정은 환경과 더 효율적인 상호작용을 하기 위한 적응체계'다.[9] 여기서 환경이란 자연환경은 물론 사람들 사이의 사회적 환경까지를 말한다. 감정을 통해 사회적 상호작용이 잘 이루어질 경우 한 사회나 조직을 변화시키기도 한다. 1987년 취임한 삼성의 고 이건희 회장이 취임 5년이 지나면서 임직원들에게 던진 유명한 말이 있다. 이미 널리 알려진 말이다.

> "마누라와 자식 빼고 다 바꿔라."

'다 바꿔라'고만 이야기했다면 그렇게까지 회자되지는 않았을 것이다. 뻔한 명제라고 여겨져 흘려 듣기 쉬웠을 수도 있다. 그러나 변화를 주문하면서 '마누라와 자식'을 앞에 걸고 이야기하니 듣는 사람의 감정이 달라진다.

'마누라, 자식은 바꾸라고 못하니 저렇게 얘기하는 것일 텐데… 그럼 정말 몽땅 바꾸라는 거잖아. 이거 보통 일이 아니구나. 바꾸지 않으면 사단이 나겠다.'

아마도 이런 긴장감과 두려움, 위기감을 느끼지 않았을까? 그런 감정은 메시지를 받아들이는 강도를 다르게 만든다. 그리고 사람을 움직이게 한다. 지금의 삼성을 만든 건 '다 바꿔라'라는 말이 아니다. 그 앞의 '마누라와 자식 빼고'라는, 감정을 불러일으킨 여덟 글자다.

뭘 해도 예뻐 보인다 - 감정 휴리스틱 ①

세상에서 제일 좋은 사람은 어떤 사람일까? 착한 사람, 겸손한 사람? 남의 불행을 그냥 보지 못하는 사람, 정의로운 사람, 정직한 사람? 이런 사람들이 좋은 사람인 것은 분명하다.

그런데 '가장 좋은 사람' 앞에 '내게'가 붙으면 답이 달라진다. 세상에서 내게 가장 좋은 사람은 '나에게 잘 하는 사람'이다. 나를 좋아해주는 사람, 늘 관심 갖고 인정해주는 사람. 대화하거나 같이 뭔가를 할 때도 내 중심으로 배려해주는 사람. 그런 사람보다 나에게 더 좋은 사람은 없다. 당연히 좋아하는 마음이 생기고 그 누구보다 좋은 사람이라고 생각하게 된다. 혹여 남들이 그 사람에 대해 나쁜 말을 하고 비난하면 "원래 그런 사람 아냐" 또는 "네가 잘 몰라서 그래"라고 하며 그 사람을 두둔하기 바쁘다. 객관적으로 그 사람이 좋은 사람인지 아닌지는 상관없이.

리더십 코치인 김현정은 《라이커빌리티》라는 책에서 사람들이 어떤 말을 따르는가에 대해 이렇게 이야기한다. "사람들은 옳은 말을 따르는 게 아니라 자신이 좋아하는 사람의 말을 따릅니다. 옳은 말을 많이 하는 리더가 아니라 내가 좋아하는 상사의 말을 따른다는 것이지요."[10] 그러면서 내 말과 행동이 다른 사람에게 어떤 감정을 불러일으키는지를 알고 그것을 고려해 말하고 행동하는 것이 중요하다고 강조한다.

여기서 핵심은 감정이다. 좋은 사람인지 나쁜 사람인지를 판단할 때 좋고 나쁨 대신에 좋아하고 싫어하는 감정이 작용했다. 어떤 말을 따를 것인지에 대해서도 옳은 말이냐 아니냐가 아니라 좋아하는 사람의 말이냐 아니냐에 따라 행동했다. 이처럼 고민이나 논리적 추론 없이 좋아하고 싫어하는 감정에 의지해 판단하고 결정하는 것을 '감정 어림짐작(affect heuristic)'이라고 한다.[11] 감정 어림짐작의 사례는 우리 주변에서 흔하게 찾아볼 수 있다.

대표적인 사례가 첫인상이다. 사람을 처음 보는 순간은 많은 정보를 갖고 있는 상황이 아니다. 그럼에도 처음 본 느낌으로 그 사람 전체를 판단하려 한다. 그리고 그렇게 형성된 첫인상은 힘이 막강해서 웬만해서는 잘 바뀌지 않는다. 그 인상이 객관적이고 합리적인 근거에 의한 것이 아님에도 불구하고.

물건을 살 때도 마찬가지다. 어떤 제품이나 브랜드가 너무 좋아 보이면 당장 필요하지 않더라도 사는 경우가 많다. 이럴 땐 나에게 꼭 필요한 물건인가 아닌가를 따지는 게 쉽지 않다. 갖고 싶다는 열망과 감정이 훨씬 크게 작용하기 때문이다. 그래서 마케팅은 필요하게 만드는 것이 아니라 갖고 싶게 만드는 것이라고 하지 않던가.

감정 휴리스틱은 일상의 흔한 일들뿐만 아니라 좀더 주의를 요하는 판단에서도 어김없이 작동한다. 감정 휴리스틱 개념을 처음 이야기한 미국 심리학자 폴 슬로빅(Paul Slovic)은 다음과 같은 실험을 했다. 수돗물 불소, 화학공장, 식품 방부제, 자동차 등 다양한 기술에 대한 설문조사를 실시하면서 각 기술의 이점과 위험을 나열하게 했다. 그랬더니 어떤 기술을 좋게 생각하면 그 기술의 이점은 많고 위험은 거의 없다고 평가한 반면 어떤 기술을 싫어하면 오로지 단점만 떠올릴 뿐 장점은 거의 떠올리지 못했다. 한결같이 감정이 '연상적 일관성'의 중심 요소로 작용했던 것이다.[12]

위험과 관련된 상황에서도 감정 휴리스틱은 그 위력을 발휘한다. 사람들의 위험 인식은 객관적 기준을 바탕으로 이루어지기보다 주관적 감정 요인에 더 큰 영향을 받는다.[13] 지난 2008년 광우병 파동이 대표적 사례라고 할 수 있다. 당시 광우병에 대한 위험 인식이 퍼지면서 수입 반대의 목소리가 높아졌다. 거기에 '미친 소'를 먹으면 뇌가 파괴된다는 "뇌송송, 구멍탁"이라는 생생한 메시지가 유행하면서 기름을 붓게 된다(영화 〈파송송, 계란탁〉을 패러디한 메시지로 회상용이성 어림짐작 측면을 자극한 메시지라고 할 수 있다). 결국 국민의 반대에도 정부가 수입을 결정하자 위험 인식이 사회적으로 증폭되면서 전국적 시위로까지 확산되었고, 그런 상황에서 전문가들의 분석과 확률적인 설명은 아무 효과가 없었다.

아프리카돼지열병이 유행한다는 뉴스가 나오면 돼지고기 소비량이 뚝 떨어지는 것도 같은 이치다. 지난 100여 년간 사람이 감염된 사례는 단 한 건도 보고되지 않았고, 삶거나 구우면 바이러스는 없어질 텐데도 사람들은 돼지고기를 사 먹지 않는다.[14] 위험 커뮤니케이션(risk communication)은 그래서 쉽지 않다. 빠르고 투명하게, 그리고 정확하게 대응하지 않아 신뢰를 잃게 되면 위험에 대한 불안은 걷잡을 수 없이 증폭되고 확산되기 때문이다.

감정 휴리스틱은 일종의 '바꿔치기(Substitution)'라고 할 수 있다. 어려운 문제에 만족스러운 답을 빨리 찾을 수 없으면 앞서 이야기한 시스템1이 그 문제와 관련 있는 더 쉬운 문제를 찾아 답을 하게 된다. '그것을 어떻게 생각하는가'(어려운 문제)를 '그것을 어떻게 느꼈는가?'(쉬운 문제)로 바꿔 대답하는 것이다. 예를 들면 '요즘 얼마나 행복한가?'라는 문제를 '지금 기분이 어떤가?'라는 더 쉬운 문제로 바꿔서 답을 한다.[15] '요즘의 행복'은 쉽게 평가할 수 있는 문제가 아니다. 변수도 많고 행복을 어떻게 정의하느냐에 따라 그 여부가 달라질 수도 있다. 그런데 '지금의 기분'으로 바꿔버리면 답하기가 쉬워진다.

시스템2는 휴리스틱으로 나온 답을 곧잘 인정해준다. 시스템2는 게을러서 최소한의 에너지만을 사용할 뿐 답의 진위를 깊이 고민하지 않고 인정해버린다. 심지어 주어진 문제에 답하지 않았다는 사실을 눈치채지 못할 수도 있다. 그리고 주어진 문제가 어려웠다는 사실조차 깨닫지 못한다.[16]

이렇게 보면 감정 휴리스틱에 근거한 판단은 매우 원시적이고 비합리적으로 느껴진다. 그러나 그런 판단이 반드시 비합리적인 것만은 아니다. 제한된 자원을 이용해 최대한의 결과를 얻기 위한 효율적인 방법일 수 있다. 과학이나 논리가 등장하기 이전인 선사시대에 인간은 경험에 근거한 판단으로 생존을 이어왔다. 특정 상황이 위험한지 아닌지를 경험에 근거해 판단함으로써 생존할 수 있었던 것이다. 이런 점에서 충분히 타당성을 띤다고 볼 수 있지만 때로는 심각한 오류를 일으키기도 한다.[17]

감정 휴리스틱을 통제하는 것은 쉽지 않다. 나도 모르는 사이에 느낌으로 판단하고 결정하는 경우가 많기 때문이다. 심리학자 조너선 하이트(Jonathan Haidt)는 그래서 이렇게 말했다.

"감정이라는 꼬리가 이성이라는 몸통을 흔든다."[18]

우리가 남이가 - 감정 휴리스틱 ②

....

감정 휴리스틱은 대중을 움직이거나 여론을 형성할 때도 작동한다.《군중심리》의 저자 귀스타브 르봉에 의하면 군중은 '논리'가 아니라 '감정'으로 판단한다고 한다. 따라서 논리로 그들을 설득하려 해선 안 되고 그들을 자극할 만한 감정을 파악해 그들에게 암시된 이미지를 환기해야 한다. 그렇게 하면 원하는 방향으로 군중을 이끌 수 있다는 것이다.[19]

2016년 11월, 옥스퍼드 영어사전은 '탈진실(post-truth)'을 올해의 영어단어로 선정했다. 2016년 11월은 트럼프 후보가 기성 미디어의 예측을 깨고 미국 대통령에 당선된 달이다. 트럼프는 오바마가 하와이에서 출생한 분명한 미국 시민임에도 그의 출생지와 출마 자격에 대해 선거기간 내내 시비를 걸었다. 또 힐러리가 중동 테러리스트 조직 IS를 만들어낸 책임이 있다고 끊임없이 공격했다. 이렇게 사실을 기만한 주장, 감정 섞인 주장이 탈진실화되면서 "범죄자 힐러리를 감옥으로 보내라"는 구호에 쇠락한 지역의 백인 노동자층이 열광했다.[20] 결국 트럼프는 그렇게 대통령에 당선이 된다.

옥스퍼드 영어사전은 '탈진실'을 "여론을 형성할 때 객관적 사실

보다 개인적 신념과 감정에 호소하는 것이 더 큰 영향력을 발휘하는 현상"이라고 정의했다.[21] 진실과는 상관없이 대중의 감정을 자극해 승리한 '트럼프 현상'과 맞물려 있는 개념이다. '탈진실'은 자칫 상황을 혼란스럽게 만든다. 그러나 그럴수록 사람들은 감정 휴리스틱에 의해 행동하려는 유혹에 쉽게 빠져들곤 한다.

감정 휴리스틱을 고려했을 때 효과적인 커뮤니케이션을 위한 하나의 방법은 '친밀감'이 느껴지도록 구성하는 것이다. 인간의 뇌는 친숙함을 좋아한다. 음식도 마찬가지다. 다이어트를 하는 사람들이 제일 무서워하는 음식 맛이 '아는 맛'이라고 한다. 구미가 당기는 것들은 새로운 게 아니라 대부분 먹었던 것들이다. 직장인들은 점심시간에 뭐 좀 새로운 걸 먹어볼까 하고 나서지만 결국은 먹던 음식 중에 고르는 경우가 많다. 음식을 먹을 때도 익숙한 조합을 찾는다. 짜장면에 고춧가루를 넣어 먹는 사람은 짜장면을 시키면 늘 고춧가루를 찾는다. '아는 맛'이 더 맛있다. 뇌는 아는 맛을 더 친숙하게 느끼기 때문이다.[22]

때론 친밀감을 내세우며 대중을 현혹하는 경우도 있다. 우리나라 14대 대통령선거 당시 지역감정을 조장하기 위해 정치적으로 악용한 사례가 그것이다.

"우리가 남이가"

이 말은 상당한 후폭풍을 몰고왔고 실제 선거에도 영향을 끼쳤다. 이 말에 등장하는 '우리'라는 단어를 보자. 가장 익숙하고 자주 쓰는 단어 중 하나다. 심지어 영어로 '나(내)'가 들어가야 할 자리에 '우리'를 쓰기도 한다. '우리 차, 우리 집, 우리 선생님, 우리 아빠, 우리 엄마, 우리 학교, 우리나라….' 은행 이름 중에도 '우리은행'이 있다. '우리'는 한국인의 정서를 대변해주는 가장 대표적인 단어 중 하나다. 바로 그 단어를 써서 친밀한 감정을 건드리며 '내 편'(우리)과 '네 편'(남)으로 사람들을 나눠버렸다.

혈연, 지연, 학연 등의 비합리적인 요인을 기준으로 사람들을 내집단(ingroup)과 외집단(outgroup)으로 구분하는 '사회적 분류화(social categorization)'는 일종의 감정 휴리스틱이다. 이 경우 내집단의 정보는 정확하고 믿을 만한 것으로 인식하지만 외집단의 정보는 그렇지 않은 것으로 판단한다.[23] '우리가 남이가'는 친밀함을 자극함과 동시에 '믿을 건 우리밖에 없다'는 '사회적 분류화'를 야기해 사람들을 움직이는 메시지로 작용했다. 사실 '우리가 남이가'는 친밀감으로 포장하고 있지만 적대적인 분류화로 무리를 일으킨 사례다. 잘 드는 칼도 잘 써야 효용성이 있다. 잘못 쓰면 커다란 상처를 남긴다.

얼핏 생각하면 '감정'은 '아날로그적'이라고 할 수 있다. 그러나 디지털 시대에 '감정'은 더 중요한 위치를 차지한다. 메시지를 일방적으로 전달하는 레거시 미디어와 달리 쌍방향으로 상호작용이 이루어지는 디지털 환경에서는 메시지를 서로 주고받으며 감정반응이 확산되고 증폭된다. 이렇게 되면 감정효과가 이성효과를 넘어서는 일이 많아진다.[24]

또한 디지털 미디어에서는 감정 휴리스틱이 활성화될 가능성이 훨씬 높아졌다. 스크롤의 압박(?)으로 뉴스 기사를 읽을 때도 대부분 헤드라인 중심으로 건너뛰거나 훑어 읽는다. SNS나 유튜브도 마찬가지다. 그림이나 섬네일에 붙은 짧은 메시지들을 주로 보면서 그 메시지가 주는 뉘앙스나 느낌으로 빠르게 판단하고 직관적으로 받아들인다.

지금은 감정의 시대다. 더 정확하게 말하자면 감정으로 판단하고 감정으로 움직이는, 바야흐로 '감정 휴리스틱의 시대'다. 이런 시대적 배경까지 더해져 감정은 더 강력한 힘을 발휘하고 있다.

커뮤니케이션의 성공을 위해선 '감정 핸들러'가 되어야 한다. 지금 하는 말이, 내가 쓰는 글이 듣고 읽는 사람들에게 어떤 감정을 불러일으킬지를 늘 생각해야 한다. 단, 좋은 감정을 향하도록 키를 잘 잡는 것이 중요하다. 반감이 아닌 공감으로, 분노가 아닌 포용으로. 나쁜 감정을 악의적으로 활용한다면 모두가 불행해지는 결과를 몰고 올 수 있다. 마법사처럼 대중의 감정을 주물렀지만 모두를 파멸시킨 히틀러와 괴벨스를 보라. 감정은 깨지기 쉬운 마법 항아리다.

감정본능과 커뮤니케이션

• 인간에게 감정이 없다면 정확한 판단은 불가능하다.

• 감정은 사람을 움직이는 방아쇠(trigger)다. 이성은 생각하게 하지만 감정은 움직이게 한다.

• 감정본능은 곧 감정 휴리스틱(affect heuristic)이다. 감정 휴리스틱은 그 무엇보다 강력하다. 그러나 왜곡되기도 쉽다.

• 디지털 시대는 감정 휴리스틱의 시대다. 지금 시대에 감정은 이전보다 더 강력해진 부스터다.

• 감정은 세기보다 방향이 중요하다. 잘못 겨눠 방아쇠를 당기면 위험하다. 총구를 어디에 두느냐에 따라 사람을 살리기도 죽이기도 한다.

감정본능의 삶 ────

마음이 움직이면 사람이 움직인다.
마음이 상하면 사람이 상한다.
마음이 전부다.

마음의 N극과 S극을 읽어야 한다.
커뮤니케이션은 감정의 문제니까.

좋은 커뮤니케이션은
좋은 마음을 만들고
좋은 감정을 쌓는 것.

서로에게
그리고
스스로에게.

커뮤니케이션은 마음·전쟁이다.

Opener

불편한 건 누구나
참기 힘들다.
불편한 자세로 오래 있지 못하고
불편한 관계는 오래가지 못한다.

그래서
의자도 신발도 편한 것을 찾고,
일터도 관계도 편안하길 원한다.

커뮤니케이션도 마찬가지.

편안할 때 마음이 열리고
편안해야 쉽게 받아들인다.

성공하는 커뮤니케이션 방정식은
편안함에 있다.

04

불편한 건 딱 질색

- 편안함추구본능

기분 좋은 '편안함' - 인지적 편안함 ①

…………

불편함을 느낄 때가 있다. 친구들 중에도 어떤 친구는 편한데 어 떤 친구는 불편하다. 그건 직장에서도 마찬가지다. 함께 일하기 편 한 동료가 있는가 하면 옆자리에 앉는 것조차 불편한 상사나 후배 도 있다. 불편한 사람과는 뭔가를 하기가 싫다. 일은 물론이고 노는 것조차 꺼려진다. 자리도 그렇다. 어떤 모임은 한없이 편해 마음 다 풀어놓고 미주알고주알 수다를 떠는데 또 어떤 자리는 조심스러워 경직되는, 그래서 오래 있기 싫은 그런 자리가 있다.

불편한 건 인간관계만이 아니다. 누구나 한두 개의 보험을 든 경 험이 있을 것이다. 그때 반드시 같이 오는 게 있다. 바로 보험약관이 다. 내가 든 보험조건과 보상범위 같은 것들이 적혀 있기 때문에 자 세히 살펴봐야 하는 내용들이다. 하지만 약관을 제대로 보는 사람 은 거의 없다. 글씨도 작은 데다 페이지마다 빼곡히 적혀 있어 펼쳐 보는 순간 숨부터 막힌다. 자세히 읽어볼 엄두가 나질 않는다. 읽기에 편하지 않다.

약국에서 파는 약 포장 속에 들어 있는 설명서도 상황은 비슷하다. 어떤 효과와 부작용이 있는지, 어떤 약과 함께 먹으면 안 되는지, 용법은 어떻게 되는지 잘 살펴봐야 한다. 그런데 이 설명서들도 작은 글씨로 빽빽하게 쓰여 있는 것들이 많다. 그래서 포장 겉면의 용법 정도만 살펴보고 자세한 설명서는 잘 보게 되질 않는다. 보험 약관이든 약 설명서든 중요하다는 것을 당연히 알지만 잘 읽게 되지 않는 것은 '편안함추구본능' 때문이다. 생각하는 데 있어서도 불편함은 참기 힘들다.

사람들은 보통 편할 때 기분이 좋다. 편하다고 느끼면 기분이 좋고 마음도 열리고 소통이 잘된다. 잘 받아들이고 좀 더 적극적이고 긍정적으로 움직인다. 이런 상태를 인지적 편안함(cognitive ease)[1]이라고 한다. 인지적으로 편안하면 기분이 좋고 보이는 것이 마음에 들고, 들리는 것을 믿게 된다. 직감을 신뢰하고 현재 상황을 더 친숙하게 느낀다. 기분이 좋을수록 시스템1에 더 의존하게 되고 시스템2의 통제력이 느슨해져 경계도 풀어진다. 그와 반대되는 개념은 인지적 압박감(cognitive strain)[2]이다. 뭔가 불편한 상태다. 인지적으로 불편하면 기분이 좋지 않다. 압박감을 느끼고 경계하며 의심하게 된다.

직장인들이 처세와 관련해 흔히 하는 말이 있다. '심기관리'다. 윗사람에게 보고할 때 상사의 심기를 살펴 얘기하라는 것이다. 좋은 내용이 아닌데 윗사람 심기가 불편할 때 들고 들어가면 불난 집에 기름 붓는 꼴이 된다. 반대로 상사의 기분이 좋을 때는 다소 나쁜 보고라 해도 훨씬 순화되어 곤란을 피할 확률이 높아진다. 어린 시절에도 그런 경험이 한번쯤 있을 것이다. 부모님 도장을 받아오라는 시들시들한 성적표를 들고 엄마, 아빠 기분을 살피며 호시탐탐 도장 받을 기회를 노리던 경험 말이다.

커뮤니케이션은 인지적 편안함을 고려해 구성해야 한다. 커뮤니케이션의 내용(what) 못지않게 '어떻게 보이고 어떻게 들리는가(How)'가 중요한 까닭이다. 이런 측면에서 내가 강의 때마다 자주 강조하는 3가지가 있다. 'SCE법칙'이라고 이름 붙인 Simple, Clear, Easy다.

우선, 단순해야(simple) 한다. 사람들은 복잡한 것을 싫어한다. 복잡하면 뇌는 불편해한다. 단순하게 이야기할수록 인지적으로 편안함을 느낀다.

Just do it

스포츠 브랜드 나이키가 30년 넘게 지속해온 브랜드 메시지다. 이보다 더 단순할 수 있을까? 이런저런 핑계로 할까 말까 망설이고 내일부터 하자고 미루기 일쑤인 사람들에게 나이키는 그냥 하라고 한다. 자꾸 이 궁리 저 궁리하며 핑계 만들지 말고 지금, 당장 하라고. 30년이 넘는 동안 이 단순한 한마디를 통해 나이키는 그들의 철학을 소비자들과 나누었고 수없이 많은 브랜드 팬을 만들었다. 단 3단어, 그것도 짧은 단어들로 구성된 문장이지만 그래서 가장 단순하고 가장 강력한 브랜드 슬로건 중 하나라고 할 수 있다.

보이는 것도 단순해야 한다. 복잡한 것은 편하지 않다. 보험약관처럼 작은 글씨가 빼곡하게 들어차 있는 글은 읽을 수 있는 글이 아니다. 인지적 압박감을 느끼기 때문이다. 이러면 나도 모르게 인상쓰게 되고 기분도 좋지 않다. 당연히 내용도 잘 들어오지 않는다.

둘째, 명확해야(clear) 한다. 안개가 자욱한 고속도로를 달려본 사람은 알 것이다. 비상등을 깜빡이며 속도를 줄이고 극도의 긴장 속에 달리는 것이 얼마나 불안하고 불편한 일인지를. '모호함'만큼 사람을 지치게 하는 게 없다. 연인 간의 밀당도 오래가면 지친다. 관계가 명확하지 않으면 불편하다. 무슨 관계인지 파악하려면 뇌가 에너지를 많이 써야 하기에 뇌 입장에서는 편할 리가 없다.

현재 침대, 매트리스 시장에서 2위인 시몬스는 늘 감각적인 광고로 화제를 불러일으키는 브랜드다. 그래서 특히 젊은 층에게 브랜드 호감도가 높다. 그런데 유니크한 광고에 몰입하다 보니 모호함이 생겼다. 아예 광고에서 침대를 빼버리기도 하고 OSV(Oddly Satisfying Video: 묘한 만족감을 주는 영상)로 브랜드 캠페인을 전개하기도 한다. 이런 광고들은 이슈를 모으기도 했지만 '시몬스 침대가 뭐지? 어떤 정체성의 브랜드지?'라는 물음이 생기게 했다. 즉 본질이 흐려진 것이다. 그러자 최근 새로운 광고캠페인을 통해 본래의 메시지로 돌아갔다.

흔들리지 않는 편안함

깐깐한 생산공정과 매트리스에 대한 파격적인 실험 모습과 함께 원래의 브랜드 메시지를 노출시켜 시몬스 침대의 본질을 명확하게 전달하려 한 것이다.

보기 좋은 떡이 먹기에도 좋다. 내용이 명확할 뿐만 아니라 서체가 깔끔하고 인쇄가 또렷하게 잘 된 글을 읽을 때는 편안함을 느낀다. 그런데 반대로 서체가 지저분하고 흐릿하면 왠지 신뢰가 안 가고 읽고 싶은 마음도 없어진다.

광고 아트디렉터 중에는 작은 글씨와 사랑에 빠진 사람들이 간혹 있다. 디자인을 보는 관점과 좋아하는 스타일이 다르기에 그럴 수 있겠지만 인지적 편안함 측면에서 볼 때 작은 글씨가 좋은 것만은 아니다. 가장 중요하고 제일 먼저 생각해야 할 부분은 가독성이다. 무조건 잘 읽혀야 한다. 그래야 편안하다. 그러고 나서는 당연히 보기 좋아야 한다.

아돌프 히틀러는 1892년에 태어났다

이 말은 거짓말이다. 그러나 두껍게 강조해서 표기하면 왠지 그런 것같이 느껴진다. 일반적으로 볼드하게 인쇄하면 신뢰할 확률이 더 높아진다고 한다.[3] 눈에 훨씬 잘 들어오기 때문에 인지적으로 편안한 것이다.

마지막으로, 커뮤니케이션은 쉬워야(easy) 한다. 쉬우면 쉬울수록 좋다. 초등학생이 봐도 이해할 수 있을 정도로. 'easy'에는 '쉬운'과 '편안한'이라는 뜻이 다 들어 있다. 쉬워야 편안하다. 어려운데 편안할 수가 있겠나. 종종 일과 관련해 컨설팅 업체의 브리핑을 듣거나 기획서를 볼 때가 있는데 특징이 하나 있다. 어렵다는 것이다. 내용이 어려운 게 아니라 말을 어렵게 한다. 어려운 말을 쓰고 복잡한 도해도 즐겨 쓴다. 그런다고 있어 보이는 것도 아닌데.

전문가는 어려운 내용을 쉽게 이야기하는 사람이다. 어려운 걸 어렵게 말하는 건 그냥 내뱉는 것이나 다름없다. 듣는 사람이 이해할 수 없다면 이미 커뮤니케이션이 아니다. 이해와 공감을 이끌어 낼 수 있도록 쉽게 이야기하는 사람이 진짜 전문가다. 그래야 사람을 움직일 수 있으니까. 어렵게만 말하는 사람은 오히려 내용을 잘 모르는 사람일 수도 있다.

최근 여행 갈 때마다 종종 이용하는 앱이 있다. 여행/숙박앱이다. 그중 브랜드 이름이 참 쉽고 친근해서 눈에 띄는 브랜드가 하나 있는데 바로 이 브랜드다.

여기 어때

현재 시장 내 2위 브랜드인데 1위 브랜드와 엎치락뒤치락할 정도로 추격이 거세다. 그럴 수 있는 데는 효과적인 마케팅의 힘도 있겠지만 이름에서 오는 친근함도 크게 한몫을 했다. 함께 밥 먹자고 만난 친구와 걸어가다 이 식당 어떠냐며 툭 던지는 말 같다. 속초 갈까 부산 갈까 망설이던 내게 아내가 "속초 어때?"라고 말하는 듯하다. 묵을 호텔을 고르던 중 누군가 여기 어떠냐며 추천하는 느낌도 든다. 한마디로 평소에 쓰는 말이다. 쉽고 친근하다.

광고일은 그 프로세스상 몇 번의 결정적인 순간이 있다. 그중 하나가 광고제작 및 집행의 출발점이 되는 광고 프레젠테이션이다. 보통 전략과 크리에이티브, 그리고 IMC 차원의 다양한 아이디어들이 매체 아이디어와 함께 담긴다. 그런데 잘된 프레젠테이션 기획서를 보면 물이 흐르는 느낌이다. 전략의 인과관계가 명확하고 톱니가 물려 돌아가듯 전략과 아이디어와의 연결도 자연스럽다. 분산되거나 따로 노는 느낌이 없다. 그런 이유는 프레젠테이션에서 말하고자 하는 바가 심플하고 명확하기 때문이다. 프레젠테이션에 성공하기 위해선 다양한 비결이 있겠지만 주장의 심플함과 명확함이

기본이다. 그래야 전달될 수 있고 설득될 수 있다.

'인지적 편안함'을 나타내는 또 다른 영어단어가 'fluency'다. fluency는 유창함, 능수능란함을 의미한다. 막힘이 없다는 뜻이다. 동의보감에는 '通卽不痛 不通卽痛(통즉불통 불통즉통)'이라는 말이 있다. 기(氣)가 통하면 아프지 않고 통하지 않으면 아프다는 의미다. 흔히 말도 안 되는 상황에 대해 '기가 막힌다'라고 한다. 기(氣)는 '기분'인데 기가 막히면 불편하고 기분이 나쁘다. 편하지 않으니 건강을 해친다. 통해야 기분이 좋고 아프지 않을 수 있다. 커뮤니케이션도 똑같다. 막힘이 없어야 편안하다. 그래야 상대를 움직이는 것도 가능해진다. 그러려면 단순하고 명확하고 쉬워야 한다. SCE법칙이 중요한 이유다.

리듬과 운 - 인지적 편안함 ②

············

대추 한 알

저게 저절로 붉어질 리는 없다

저 안에 태풍 몇 개

저 안에 천둥 몇 개

저 안에 벼락 몇 개

저게 저 혼자 둥글어질 리는 없다

저 안에 무서리 내리는 몇 밤

저 안에 땡볕 두어 달

저 안에 초승달 몇 날

장성주 시인의 '대추 한 알'이라는 시다. 이 시를 보면 내용도 내용이지만 일단 잘 읽힌다. 문장들이 눈에 착착 붙는다. 시가 가진 리듬(rhythm) 때문이다. 리듬을 따라 읽다 보면 내용까지 잘 들어온다. 리듬은 인지체계를 편안하게 만든다.

첫 직장인 광고회사에서 일할 때 어느 카피라이터가 나에게 그런 말을 한 적이 있다. AE들이 쓰는 기획서가 시 같았으면 좋겠다고. 시처럼 쓸 수는 없겠냐고. 광고기획자들의 경우 대개 빈틈없는 근거를 들어 논리가 뾰족한 기획서를 쓰고 싶어한다. 그런데 거기에 그치지 말고 쓰는 문장이나 전개방식이 시 같아서 더 잘 읽히고 잘 들리는 기획서를 써보라는 뜻이다. 시가 가진 리듬의 힘을 기획서에 접목해보라는 그런 의미다. 그 이후 기획서를 쓸 때마다 카피라이터의 말이 종종 떠올라 의식적으로 리드미컬한 기획서를 쓰려고 노력하곤 했다.

학교에서 '프레젠테이션 특강'을 할 때 자주 하는 말이 있다. 가수이자 JYP 대표 박진영은 항상 '말하듯이 노래하라'고 하는데 나는 여러분에게 '노래하듯이 말하라'고 이야기하겠다고. 말에 리듬을 주라는 것이다. 때론 빠르고 때론 느리게, 크게도 작게도, 반복을 사용하며 강조했다가 포즈를 주기도 했다가. 높낮이도 '도'만 쓰지 말고 '솔'로도 말하고 '미'로도 말하고. 강조, 종결, 질문에 따라 도, 미, 솔을 잘 선택해 쓰라고. 그래야 귀에 잘 들어오니까.

리듬이 살아있는 문장은 기억에도 오래 남는다. 연예인들이 시작한 것으로 유명한 예능교회(예전 '연예인교회')의 조건회 담임목사가 자주 하는 말이 있다.

본질에는 원칙을
비본질에는 자유를
모든 것에는 사랑을

'종교'라고 하면 사람들은 흔히 '금기'를 먼저 떠올린다. '무엇을 해라'보다 '무엇을 하지 말라'는 것이 훨씬 많을 것 같은. 기독교도 예외는 아닌데 특히 구약성서를 보면 더 그런 느낌을 받을 수 있다. 여러 형식적인 것들에 얽매여 옴짝달싹 못 하는 압박감. 그리고 그런 형식들을 오히려 중요하다고 굳게 믿는 사람들까지. 그러나 본질은 그게 아니라는 것이다. 본질에는 흔들리지 않는 원칙을 갖되 비본질에는 자유하라는 이야기다. 쓸데없는 것에 얽매이지 말고 다른 사람들을 용납하면서. 그리고 무엇보다 그 모든 것에 사랑을 더하라고 한다. 성도의 삶을 리듬이 살아있는 단 세 줄의 문장으로 정리했다. 리듬을 살려 정리하니 기억하기도 쉽고 자주 떠올라 신앙생활의 좋은 지침이 된다.

리듬엔 기본적으로 반복과 운율이 있다. 우선 반복은 친숙함을 만들어낸다. 친숙함은 연상체계를 편안하게 한다. '자꾸 보면 정든다'라는 말이 있다. 처음엔 별로인 것 같았는데 계속 보다 보니 괜찮은 사람처럼 느껴지는 게 그런 경우다. 이런 것을 '단순노출효과(mere exposure effect)'라고 한다. 어떤 자극이 반복될 때 호감을 갖게 되는 현상이다. 그만큼 반복이 만들어내는 친숙함은 힘이 있다.

다음은 운율이다. 특별히 메시지에 운(rhyme)을 맞추면 사람들의 주목도와 반응이 훨씬 더 커질 수 있다. 미국의 한 실험에서 참가자들에게 낯선 경구 몇 개를 읽게 했다. 다음과 같이 운을 맞춘 경구다.

Woes unite foes.

(비통함이 적을 결속시킨다)

Little strokes will tumble great oaks.

(작은 도끼질이 큰 나무를 넘어뜨린다)

다른 참가자들에겐 똑같은 의미지만 운을 맞추지 않은 것을 보여줬다.

Woes unite enemies.
Little strokes will tumble great trees.

그랬더니 의미가 같은 문장이라도 운을 맞춘 경구가 훨씬 더 통찰력 있다는 평가를 받았다.[4]

우리나라 정치인 중에서도 지금은 고인이 된 노회찬 의원의 경우 촌철살인의 입담으로 유명하다. 그의 수많은 어록이 있지만 그중 지금도 회자되는 유명한 말이 있다.

만인이 법 앞에 평등하다고 생각하십니까?
저는 만 명만 법 앞에 평등하다고 생각합니다.

라임이 엄청난 메시지다. 운을 맞춘 구조가 입에 잘 붙는다. 뿐만 아니라 '만인'과 '만 명'을 대조시킴으로써 전하고자 하는 의미를 더 선명하게 만들었다. 리듬이 살아있는 문장의 대표적인 사례라고 할 수 있다.

한때 〈국방일보〉에 칼럼을 연재했던 적이 있다. 그때 썼던 '헤이트 쿠튀르'[5]라는 글에서 운을 맞춘 문장을 사용했는데 그 글의 일부를 소개한다.

　… 한 정신의학과 교수에 의하면 주위에 열 사람이 있다고 할
때, 보통 그중 두 사람은 나를 싫어하고 한 사람은 나를 매우 좋
아하며 나머지 일곱은 별 관심이 없다고 한다. 생각해보면 우리
가 경험하는 많은 관계가 대부분 그런 듯도 하다. 아주 특별한 이
유가 아니더라도 누구는 좋아하고, 누구는 싫어하게 된다.
　열정적인 삶조차 때론 비난받기도 한다. 불꽃(flame)과 비난
(blame)은 한 끗 차이로 닮아 있지 않은가. 이렇게 보면 타인의
시선이나 인정욕구에 얽매여 있는 건 너무 소모적인 일이다….

　플레임(flame, 열정)과 블레임(blame, 비난)이라는, 운을 맞춘 단어
를 가져다 글을 썼다. 열정과 비난은 영어로 하면 한 글자 차이라는
것, 따라서 열정을 쏟다 보면 비난받는 경우가 생기기 마련이니 너
무 개의치 말라는 것을 좀 더 임팩트 있게 이야기하고자 했다.
　최근 들어 위스키 열풍이 불고 있다. 취향소비, 디깅소비를 하는
젊은 세대의 성향에 혼술 트렌드가 더해진 결과라고 한다. 수많은
위스키가 있지만 그중 브랜드 슬로건이 유독 기억에 남는 위스키가
하나 있는데 바로 '조니워커'다.

KEEP WALKING, JOHNNIE WALKER

<출처:디아지오 코리아>

KEEP WALKING이라는 슬로건이 JOHNNIE WALKER라는 브랜드 네임과 좋은 라임을 이룬다. 그러다 보니 이름과 슬로건이 시너지를 이뤄 각각을 더 잘 기억하게 한다. 뿐만 아니라 '전진하는 자를 위한 술'이라는 조니워커의 정체성과 철학이 잘 담겨 조니워커를 더 특별한 술로 느끼도록 만든다. 라임을 활용해 예리하게 기획된 좋은 슬로건이다.

떡은 사람이 될 수 없지만
사람은 떡이 될 수 있다

숙취해소음료 헛개차 광고의 카피다. 이 광고가 처음 나왔을 때 한참 웃었던 기억이 난다. 버스 좌석에 정말로 떡이 고개를 숙이고 앉아 있던 장면 때문에. 유머스런 광고지만 좋은 댓구를 통해 카피의 날이 서게 만들었다.

흔히 '리듬을 탄다'는 말을 한다. 생활리듬, 생체리듬, 학습리듬 어떤 것이든 리듬을 타야 몸과 마음이 편안하고 즐겁다. 공부도 일도 훨씬 집중해서 잘할 수 있다. 리듬이 깨지면 생활도 건강도 엉망이 된다. 그건 커뮤니케이션도 마찬가지다. 살아있는 커뮤니케이션일수록 리드미컬하다. 편안함추구본능을 잘 충족시킨다. 그런 말과 글은 당연히 더 잘 먹힌다.

래퍼 '개코'의 노래 '될 대로 되라고 해'에 이런 가사가 있다.

Rhythm is life,

Life is rhythm,

리듬이는 게으른 날 움직이는 기름

커뮤니케이션에 대입해봐도 재미있지 않을까? 리듬이 커뮤니케이션이고 커뮤니케이션이 곧 리듬이라고. 리듬이 커뮤니케이션을 움직이는 기름이고, 리듬이 커뮤니케이션을 살게 하는 기름이라고.

거울뉴런의 능력 - 공감[如+心]
....

공감은 사람들을 움직이는 동기가 무엇인지 파악할 수 있는

아주 특별하고 강력한 힘이다.[6]

– 세스 고딘

논어 〈이인편〉 15장에는 공자의 도에 대한 이야기가 나온다. 공자를 관통하는 하나의 도가 무엇인지 묻는 사람들에게 제자인 증자는 '忠恕(충서)'라고 답을 한다. 충서는 충성과 용서다. 그런데 두 글자 모두 마음에 관한 것이다. 忠은 '중심(中心)', 恕는 '여심(如心)'이다. 스스로는 충직하고 성실한 마음으로 임하고 다른 사람에게는 같은(如) 마음(心)으로 이해하고 배려하는 것이다.

여기서 눈에 띄는 부분이 있다. 용서(恕)의 글자적 의미다. 용서는 '같은 마음', '공감하는 마음'이다. 흔히 용서하는 사람과 용서받는 사람은 수직적 관계라고 생각하기 쉽다. 위에서 아래로 내려다보며 '내가 너를 용서한다'는 식으로 시혜를 베푸는 듯한. 그런데 恕는 수평성을 강조한다. 상대방과 같은 마음, 공감할 수 있는 마음을 갖는 것이 용서라는 것이다. 그런 용서여야 회복이 있다. 그래야 마음의 응어리가 풀린다.

마음이 다를 때 사람들은 불편해한다. 공감하면 편안하다. 긴장도 스트레스도 없다. 마음이 열리고 상대가 하는 말을 쉽게 받아들인다. 공감은 '편안함추구본능'을 충족해 사람을 움직이는 근본적인 힘이 있다.

보이스피싱 조직의 실체를 소재로 한 영화 〈보이스(2021)〉에는 탁월한 기획자가 나온다. 보이스피싱 프로그램을 설계하고 기획하는, 한마디로 두뇌 역할을 하는 '곽프로'라는 인물이다. 사람들로부터 돈을 빼내는 심리 기술자인 그가 행동대원들을 교육하며 그 노하우를 이렇게 설명한다.

"보이스피싱은 공감이란 말이야.
보이스피싱은 무식과 무지를 파고드는 게 아니야.
상대방의 희망과 공포를 파고드는 거야.
이 차이가 1억이냐 10억이냐를 가르는 거야!!"

사람들이 스스로 돈을 빼서 보내는 건 배움이 짧고 뭘 몰라서가 아니라는 이야기다. 내 주변에서도 나름 똑똑하다는 사람들이 어이없게 당한 경우를 종종 봤다. 곽프로는 브레인답게 이 지점을 짚어 보이스피싱의 핵심을 강조해서 말한다. 사람들의 희망에 얼마나 공감하느냐, 공포를 얼마나 이해하고 공감할 줄 아느냐가 보이스피싱 기술자들이 가져야 할 진짜 기술(?)이라고.

공감할 줄 알고 그에 따라 행동하는 것은 사람이 가진 '거울뉴런(mirror neuron)' 때문이다. 거울뉴런은 상대방의 감정과 행동을 관찰하는 것만으로도 같은 감정을 느끼고 자동으로 따라 하게 하는 신경세포다.[7] 카타르 월드컵에서 황희찬 선수가 역전골을 터뜨릴 때 갑자기 찔끔 눈물이 나는 것도, 예능 프로에서 출연자가 신 레몬을 한입 베어 무는 장면에 얼굴이 찡그려지며 몸이 부르르 떨리는 것도 다 거울뉴런의 작용이다.

공감은 사람이 아닌 경우에도 그 위력을 발휘한다. 러시아의 동물학자 코트(Kohts)는 조니(Joni)라는 침팬지를 키우고 있었다. 조니는 그녀의 집 지붕에서 노는 걸 좋아했는데 한 번 올라가면 내려오려고 하질 않아 애를 먹는다. 먹을 것을 줘도 소용없기는 마찬가지. 코트는 한 가지 방법을 생각해냈다. 앉아서 우는 척을 한 것이다. 그러자 침팬지는 지붕에서 내려와 누가 괴롭히는지 주변을 살피며 그녀의 얼굴을 어루만졌다.[8] 공감능력이 있는 침팬지도 감정에 호소하자 움직였던 것이다.

공감은 같은 감정을 갖게 하는 것, 그리고 그 감정으로 판단하고 움직이게 만드는 것이다. 따라서 공감을 불러일으킬 수 있는 포인트를 짚어 커뮤니케이션하는 것이 중요하다. 다음의 메시지를 보자.

예수천국, 불신지옥

지하철을 타면 이 메시지가 쓰인 팻말을 들고 왔다 갔다 하며 외치는 사람들을 종종 볼 수 있다. 단 여덟 글자에 불과하지만 신약성경의 핵심이 다 들어가 있는 기가 막힌 압축 메시지다. 그러면 그 메시지를 접한 사람들이 예수를 믿게 되었을까? 십중팔구는 고개를 돌린다. 이미 예수를 믿고 있는 사람들도 가까이 가지 않기는 마찬가지다. 공감이 없기 때문이다. 듣는 사람이 공감할 수 있는 지점을 짚어 메시지를 내야 하는데 강요하는 느낌이다. 그럴 경우 딱딱하고 일방적인 주장으로만 들린다. 받아들여지지 않는 소음인 것이다. 더구나 시뻘건 글씨에 쉰 목소리로 긁듯이 외치는 소리는 감정적으로 멀어지게만 만들 뿐이다.

아버지가 되면 사진은 훌륭해진다

유명 카메라 브랜드 캐논의 광고카피다. 아버지가 되어본 사람은 안다. 왜 사진이 훌륭해지는지. 아버지가 아이의 사진을 찍는다고 하자. 피사체에 대한 관심 자체가 다르다. 아이를 키우면 자라는 매 순간의 모습이 너무도 신기하다. 거기에 더해 감동적이기까지 하다. 배시시 웃는 얼굴, 눈을 찡긋하고 따라 하는 표정, 두 팔을 올려 만세 하며 입을 벌린 모습, 어느 것 하나 놓치고 싶지 않다. 그래서 더 가까이 가고, 더 자세히 보고, 더 많이 셔터를 눌러댄다. 아이와 교감하고 아이에게 공감하려 노력하면서. 그리고 아이의 모습에서 아버지로서의 새로운 인생을 보게 된다. 사진이 훌륭해지지 않을 수 없다. '아버지'라는 사람들에겐, 아니 어머니여도 마찬가지겠지만 아이를 키워본 사람들은 공감할 수밖에 없는 카피다. 아마도 이 카피를 본다면 아이와의 그런 순간을 위해 자연스럽게 캐논을 찾게 될지도 모른다.

한국인은 밥심으로 산다는 말이 있다. 다양한 먹거리가 널려 있는 요즘이지만 우리나라 사람들에겐 뭐니뭐니 해도 밥이 최고다. 찰기 넘치는 엄마가 해준 밥 이상이 없다. 사람들을 만나면 '밥 먹었냐'가 친밀한 인사가 된다. 밥은 주식 이상의 특별한 의미로 우리 정서와 깊이 연결되어 있다.

그런 밥이 1996년 CJ 제일제당에서 '햇반'이라는 이름을 달고 즉석밥의 형태로 세상에 등장한다. 1인가구가 증가하고 고령화 사회가 오면서 좀 더 편리하게 먹을 수 있는 햇반은 시장에서 좋은 반응을 얻는다. 그러나 햇반의 성장을 가로막는 것이 하나 있었는데 그건 바로 주부들의 마음이었다.

맞벌이에 자기계발, 육아와 가사까지, 바쁜 여성들이 늘어나면서 그들 마음 한편엔 이런 생각이 자리잡고 있었다. '애 밥도 제대로 안 챙기고 인스턴트나 먹으라 하면 내가 엄마라고 할 수 있을까? 남편한테도 밥 한 끼 제대로 못 해준다니…' 엄마로서 아내로서 아이와 남편에게 느끼는 '미안함(guilty sense)'이 그들 마음에 계속 걸림이 되고 있던 것이다. 그래서 이런 카피의 광고가 등장한다.

> "미안해하지 마세요.
> 미안해하지 않아도 될 만큼 햇반은 잘 만들었습니다."

늘 마음에 걸려 하던 여성들이 이 카피를 봤을 때 어떤 생각이 들었을까? 마음속 걸림이 시원하게 해소되는 느낌이 들지 않았을까? 그래서 남편과 아이에게 햇반 먹으라는 이야기를 주저함 없이 할 수 있었을 것 같다. 아내와 엄마의 입장에서 '같은 마음'으로 생각하지 않았다면 나올 수 없는 카피다.

어느 유명 복회자 사무실 책상엔 이런 글귀의 액자가 놓여 있다고 한다.

"덜 논리적이면서 더 사랑하라."[9]

사랑은 공감이다. 그런데 공감은 논리보다 강하다. 《자존감 수업》의 저자이자 정신과 전문의 윤홍균 원장은 요즘 시대의 사랑은 공감이라고 말한다. 너무 화나고, 외롭고, 슬프고, 내가 불쌍해 눈물이 나온다는 감정이 요즘 젊은 세대의 고민인데 그 감정을 달래는 건 공감밖에 없다고. 바로 그런 감정을 공감하고 이해해주는 게 요즘 사랑이라는 것이다. 이런 이해와 공감이 '뇌가 할 수 있는 최대치의 사랑'이라고 할 수 있다.[10]

진화인류학자 브라이언 헤어는 《다정한 것이 살아남는다》에서 공감할 줄 알고 친화력 있는 협력적 의사소통이 적자생존의 적자가 된 비결이라고 말했다. 즉 적자생존에서 살아남은 존재는 '강자'가 아니라 공감하고 소통할 줄 하는 '다정하고 따뜻한 존재'라는 것이다.[11]

공감은 논리보다 강하다. 논리는 생각하게 만들지만 공감은 움직이게 만든다. 사람을, 상대방을 움직이고 싶은가? 그 사람이 되어보면 된다.

시대정신? 시대정서!

....

경우에 합당한 말은 아로새긴 은쟁반에 금사과니라.

- 잠언 25:11

2021년 4월 어느 날, 한 캐주얼 브랜드의 인스타그램에 사진 한 장이 올라온다. 슬리퍼와 민소매 차림의 여성이 모자를 눌러쓰고 앉아 빨래방 세탁기에서 옷을 꺼내고 있는 사진이다. 그리고 그 사진과 함께 아래의 글이 게시된다.

14:00 PM 런드리샵 가기 좋은 오후,
쌩얼은 좀 그렇잖아?
모자는 더 깊게, 하루는 더 길게.

시리즈로 제작된 다른 편도 있는데 크롭티를 입은 여성 사진에 아래 문구가 붙어 있다.

해지는 저녁이라고 방심하지 마! 쌩얼사수!
모자는 더 깊게, 하루는 더 길게.

반응은 즉각적이었다. '빨래방 가는데 화장해야 하냐', '화장 안 하면 얼굴 가리라는 거냐', '쌩얼이 창피해? 난 하나도 창피하지 않다', '지금이 몇 년도냐' 등 수많은 항의성 댓글이 삽시간에 쏟아진 것이다. 성차별적 문구에 대한 논란이 확산되자 해당 브랜드는 콘텐츠를 모두 삭제했고 그래도 가라앉지 않자 결국 사과문을 올렸다. 요즘 정서에 맞지 않는 콘텐츠가 어떤 결과를 가져오는지 보여준 사례다.

사실 멀리 갈 것도 없다. 예전 직장인 광고회사에 근무할 때 옆에서 경험할 기회가 있었으니까. 촉망받는 후배 CD(Creative director)가 있었는데 그가 만든 화장품 광고가 크게 논란을 불러일으킨 적이 있다. 광고엔 '명품백을 득템하는 방법'이라는 내용이 나온다. 잠을 줄여 투잡을 하며 돈을 모으고, 친구를 끊고 돈을 모으고, 통장을 계속 보며 돈을 모으라고 한다. 모으고 모으는데 대체 어느 세월에 모으냐고 모델이 탄식을 할 때 이런 내레이션과 카피가 흘러나온다. 복잡하다면 딱 하나 좋은 방법이 있다고. 그건 '남친을 사귀는 것!'이라고.

결과가 어땠는지는 상상이 갈 것이다. 재미있게 표현하려 했다지만 요즘 정서를 간과했다. 명품백 득템을 위해 남친을 사귀라니. 한바탕 난리가 났고 결국 해당 브랜드는 사과문을 올려 소비자를 달랠 수밖에 없었다.

비단 광고만이 아니다. 정치인, 종교인 등 사회적 영향력이 큰 위치에 있는 사람들이 소위 분위기 파악 못 하고 아연실색하게 만드는 경우가 너무 많다.

이부망천

서울 살던 사람들이 이혼을 하면 부천에 가고,
부천 갔다가 망하면 인천으로 간다

2018년 지방선거 때 실제로 어느 국회의원이 한 말이다. 당시 실업률 등 인천의 여러 수치가 나쁜 것은 빈민들이 모인 지역 특성 탓이지 인천시장의 실정 탓이 아니라면서. 지금도 자주 회자되는 손꼽을 만한 지역비하 발언이다. 지역민 정서를 전혀 생각하지 않았기에 저런 말을 할 수 있었을 것이다. 결국 그 국회의원은 소속 당에서 탈당했고 그 후엔 모습을 전혀 볼 수 없다.

청년들 가난하게 하면 애 많이 낳는다

어느 유명 목회자의 말이다. 제3국가나 빈민촌에서 애를 훨씬 더 많이 낳는다면서 이렇게 표현했다. 저 말을 청년들이 들으면 무슨 생각을 할까? 고개를 *끄*덕이며 공감하고 받아들일까? 공감이 아니라 반감을 불러일으킬 것이다. 지금 청년들 정서를 조금이라도 알고 있다면 이런 말이 나올 수가 없다.

지금은 감정의 시대다. 그리고 예민한 시대다. 직관적으로 판단하고 감정반응도 즉각적이다. 특히나 태어나면서부터 디지털 환경에서 핸드폰과 함께, 영상과 함께 자라난 젊은 세대는 더 직관적이고 즉각적일 수 있다. 바로 보고 바로 반응한다. 그런 탓에 더 섬세하게 접근해야만 한다. 내가 하는 말이, 내가 쓰는 글이, 내가 만든 콘텐츠가 보고 듣는 사람의 마음을 조금이라도 불편하게 하는 지점이 없는지 잘 살펴야 한다. 언어 감수성도, 혐오나 차별에 대한 인식도 필요하다. 요즘 정서를 고려하지 않은 커뮤니케이션은 녹아들지 못해 물에 뜬 기름이 될 뿐이다. 편안함을 추구하는 게 본능인데 정서에 반하는 불편한 말들이 어떻게 사람들에게 녹아들 수 있겠는가.

조직관리도 '정서관리'가 우선이다. 매출, 수익같이 수치로 표현되는 것이 '성과관리'라면 조직원의 열정, 충성심 등 눈에 보이지 않는 것이 '정서관리'다. '아폴로 신드롬'(유능한 인재들이 모인 집단이 오히려 성과가 저조한 현상)은 정서적 연대가 얼마나 중요한지 보여준다. 서로 신뢰하지 못하고 비판과 비난에만 몰두하면 인재들이 모여 있

어도 성과는 나지 않는다. 조직을 활성화하기 위해선 그래서 무엇보다 정서관리가 우선되어야 한다.[12]

코로나 팬데믹이 한창이던 때 사람들의 마음을 사로잡은 광고가 하나 있다.

처음으로 여행이 우리를 떠났습니다.

여행이 떠나고 나서야 알게 되었습니다.

여행이 있던 일상의 소중함을

모든 여행의 마지막은

제자리로 돌아왔듯이

우릴 떠난 여행도

그리고 일상도

다시 돌아올 것입니다.

그때 함께 날 수 있기를.

아시아나 항공

'일상'이라는 것이 우리 삶에 얼마나 귀한 것인지 우리는 팬데믹을 통해 절실히 느꼈다. 만나지도 못하고 나가지도 못하는, 여행은 꿈도 꿀 수 없는 그런 시간에 떠남에 대한 갈증이 얼마나 심했는지. 그때 항공사에서 여행을 이야기한다. 그것도 우리가 여행을 떠나는 게 아니라 처음으로 여행이 우리를 떠났다고 하면서. 그리고 여행의 마지막은 돌아오는 것이듯 우리의 일상도 돌아올 것이라고. 그때 함께 날고 함께 떠나자고. 이 영상은 공개한 지 두 달 만에 유튜브에서 1천만 뷰를 넘겼다. 시대의 목마름을 잘 어루만진 결과다.

'시대정신'이 있듯, '시대정서'가 있다. 시대정서에 맞지 않는 말은 아무리 그런 의도가 아니라고 해도 사람들을 불편하게 하고 돌아서게 만든다. 시대정서를 알고 이해하는 게 먼저다. 분위기 파악만 잘해도 99% 성공한다고 하지 않던가?

편안함추구본능과 커뮤니케이션

- 뇌는 편안함을 좋아한다. 보고 듣는 것이 불편하면 생각의 문을 닫고 외면해버린다.

- '먹히는 말'이냐 '막히는 말'이냐는 인지적 편안함(cognitive ease)에 달려 있다. SCE(Simple, Clear, Easy) 3가지를 꼭 기억해두자.

- 편안함 역시 감정의 문제다. 커뮤니케이션은 감정이 핵심이다.

- 리듬(rhythm)과 운(rhyme)을 사용하는 건 커뮤니케이션에 기름칠을 하는 것이다.

- 삶에서 정직은 최선의 방책이라고 한다. 커뮤니케이션에서 공감은 최고의 비책이다.

- 시대정서와 커뮤니케이션은 요(凹) 와 철(凸)이어야 한다. 시대정서와 결합하든 시대정서에 올라타든.

편안함추구본능의 삶 ————

불편함을 대하는 우리의 자세는
떠나거나 돌아서는 것.
하지만 그런다고
불편함이 완전히 사라지진 않는다.

살다 보면 불편한 누군가를 또 만나고
삶은 그렇게 불편함 속에 있기에.

역지사지!
같은 마음일 수는 없어도
그 마음이 되어보는 것.

하나의 불편함을 그렇게 해소하고
또 다른 불편함도 그렇게,
또 그렇게.

**그런 커뮤니케이션이
사람을 움직인다.**

그리고
나를 움직인다.

긍정보다 부정
정형보다 비정형
매끄러움보다 거침
익숙함보다 낯설음
같음보다 다름
플러스보다 마이너스.

일탈에 눈이 먼저 간다.
일탈은 자극 강도가 세다.

불안정을 해소하려고
정보처리가 활발해지기 때문이다.

일탈본능을 자극하는 커뮤니케이션은
조금만 베도 잘 드는 예리한 칼이다.

독이 되느냐
득이 되느냐
그 경계를 잘 구분해 써야 할
조심스러운 칼이다.

05

플러스보다 마이너스,
익숙함보다 낯설음

- 일탈본능

'네거티브'라는 칼

············

길을 지나가는데 담장에 구멍이 뚫려 있다. 그런데 그 구멍 옆에 이런 문구가 적힌 종이가 붙어 있다고 하자.

  "들여다보지 마시오!"

만약 이 종이를 본다면 어떤 생각이 들까? 왜 들여다보지 말라고 하는지 이유는 몰라도 자꾸 보고 싶지 않을까? 어릴 적 '19금' 딱지가 붙은 영화는 왠지 더 보고 싶어 눈길이 가던 경험이 있을 것이다. 이를 '칼리굴라 효과(Caligula effect)'라고 한다. 1979년, 〈칼리굴라〉라는 영화가 폭력적이고 선정적이라는 이유로 보스턴을 비롯한 일부 지역에서 개봉을 금지당했는데 오히려 사람들이 기를 쓰고 다른 지역까지 가서 영화를 보려 한 데서 비롯됐다. 절대 하지 말라고 하면 절대(?) 하고 싶어지는 게 사람이다.

네거티브는 힘이 세다. 부정이 긍정을 압도한다. 인간의 뇌는 '부정'에 우선순위를 두도록 설계되어 있다. 실제로 나쁜 말(전쟁, 범죄 등)은 좋은 말(사랑, 평화)보다 더 빨리 주의를 끈다. 나쁜 감정, 나쁜 부모, 나쁜 피드백은 좋은 감정, 좋은 부모, 좋은 피드백보다 영향력이 크고 나쁜 정보는 좋은 정보보다 더 철저하고 활발하게 처리된다. 이는 생존을 위한 진화와 관련이 있는데 빨리 위협을 알아챌수록 살아남을 확률이 높아지기 때문이다. 그래서 실제 위협은 없지만 그것을 상기시키기만 해도 시스템1은 저절로 작동해 그것을 위협으로 받아들인다.[1]

뉴스도 그렇다. 언론들은 긍정적인 뉴스보다 부정적인 뉴스를 더 많이 보도하는 경향이 있다. 독자들의 관심을 더 끌기 때문이다. 부정적인 뉴스가 긍정적인 뉴스에 비해 더 많이 소비되고 사람들의 생명이나 생활에 더 큰 영향을 미친다. 보도사진들도 부정적인 사건이나 사고를 다룬 것이 더 많이 사용되는 경향이 있다.[2] 이처럼 긍정보다는 부정, 일상보다는 일탈에 본능적으로 주의를 더 기울이게 되는 성향이 '일탈본능'이다.

재미있는 것은 인간의 감정도 부정적인 감정이 더 많다는 점이다. 표정과 감정에 대한 연구의 선구자인 폴 에크만(Paul Ekman)은 기본 감정으로 여섯 가지를 제시했다. 기쁨, 슬픔, 놀람, 혐오, 공포, 분노. 그런데 이 중 기쁨을 빼면 나머지는 모두 부정적인 감정이다. 동양의 유학에는 《예기》의 칠정(七情)이 있다. 희(喜), 노(怒), 애(哀),

구(懼), 애(愛), 오(惡), 욕(慾). 즉 기쁨, 노여움, 슬픔, 두려움, 사랑, 증오, 욕심이다. 기쁨과 사랑을 빼면 역시 부정적인 감정들이다.[3]

인간이 소비하는 이유도 부정적인 감정 때문이다. EBS 다큐프라임 자본주의 2부 〈소비는 감정이다〉를 보면 런던대 애드리언 펀햄(Adrian Furnham) 교수는 인간이 소비하는 이유를 세 가지로 말하고 있다. 불안할 때, 우울할 때, 화났을 때. 코로나19 팬데믹으로 눈에 띄게 증가했던 '보복소비'가 하나의 예가 될 수 있다. 코로나 감염에 대한 불안과 우울감을 떨쳐내고자 비싼 제품이나 명품에 지갑을 연 사람들이 많았던 것이다. 실제로 2021년 서울 시민을 대상으로 한 설문조사에 의하면 4명 중 1명이 보복소비 경험이 있다고 응답했다.[4]

부정적 감정은 사람을 움직이게 한다. 보험이나 입시학원은 불안과 두려움을 판다. 홈쇼핑도 '매진임박'이라며 금세 다 팔릴 것 같은 불안을 조성한다. 금연광고는 공포를 자극한다. 광고에서 흔히 사용하는 공포소구, 위협소구(fear appeal)다. 커뮤니케이션을 통해 사람을 움직이려면 부정적 감정 중 어떤 감정을 불러일으킬 것인지를 세밀히 설계해야 한다.

수포는 대포요, 영포는 인포라!

수학 포기는 대학을 포기하는 것이요,
영어 포기는 인생을 포기하는 것이라!

우리 동네 입시학원에 붙어 있는 플래카드다. 우리집 아이는 대학입시 문턱을 넘은 지 오래라 이제 입시와는 크게 관련이 없지만 메시지가 재미있어 눈에 들어왔다. 대학 포기도 걱정되는데 앞길이 구만리 같은 고등학생에게 인생 포기라니. 학원에 안 보냈다간 우리 애만 낙오자가 되는 게 아닐까 싶어 걱정과 두려움이 마구 밀려들 것이다. 대학입시를 앞두고 있는 학생이나 학부모에겐 꽂힐 만한 문구다. 만약 이렇게 썼다면 어땠을까?

'수학은 대입에 결정적입니다'
'영어는 인생에 필수적입니다'

이렇게 긍정문으로 쓰니 너무 맹숭맹숭하다. 일탈본능을 자극하는 구석이 하나도 없다. 당연한 말 같고 전혀 귀에 걸리질 않는다. 아마도 이런 플래카드였다면 고개를 돌릴 생각조차 하지 않았을 것 같다. 이럴 땐 오히려 네거티브로 접근하는 것이 그 중요함을 훨씬 더 도드라져 보이게 하는 방법이다.

네거티브가 자주 활용되는 영역 중 하나는 정치다. 네거티브가 판을 친다는 비판도 많지만 그만큼 효과가 있으니 자꾸 사용하려는 것이다. 단, 네거티브를 사용할 땐 목적이 중요하다. 비방과 비난을 통해 상대를 깎아내려 반사이익을 얻으려는 목적이라면 설사 그 목적을 달성한다 해도 끝에는 함께 망하는 결과를 맞이할 수 있다.

네거티브로 접근하지만 궁극적인 목적이 포지티브한 경우 네거티브는 오히려 '강조'의 역할을 한다. 이런 측면을 엿볼 수 있는 정치광고가 있다. 네거티브 정치광고의 원조라고 하는 '데이지 걸(Daisy Girl)' 선거캠페인이다.

존 F. 케네디가 암살된 후 부통령이었던 린든 존슨은 대통령직을 승계해 제36대 미국 대통령에 취임한다. 그후 1964년 재선을 위해 선거운동에 뛰어드는데 당시 미국은 쿠바봉쇄정책 때문에 소련과 긴장관계에 있었다. 여기에 대해 상대방인 공화당 배리 골드워터는 필요하면 핵무기까지 사용해야 한다며 강경 주장을 이어간다. 냉전이 한창이던 당시 골드워터의 이런 주장은 미국 내 상당한 지지를 얻었고 이를 반대하던 린든 존슨은 고전을 면치 못했다. 이런 상황을 단번에 뒤집은 광고가 바로 '데이지 걸'이다.

귀엽고 어린 금발의 소녀가 데이지 꽃잎을 하나씩 떼면서 숫자를 센다. 하나, 둘, 셋… 그리고 아홉까지 세자 갑자기 열부터 거꾸로 카운트다운이 시작된다. 그리고 소녀의 눈동자가 클로즈업되는 순간 거대한 폭발음과 함께 핵폭탄의 버섯구름이 화면을 뒤덮는다.

그때 이런 카피가 린든 존슨의 목소리로 흘러나온다.

이 나라를 아이들이 살 수 있는 곳으로 만들 것인가?
아니면 암흑으로 만들 것인가?
사랑으로 포용하지 않으면 우리는 반드시 파멸할 것이다.
모든 것은 이번 선거에 달려 있다.

이 광고는 딱 한 번 방영됐지만 반응은 폭발적이었다. '아이들이 살 수 없게 된다, 파멸할 것이다'라는 말은 핵무기에 대한 공포를 사람들에게 안겨줬다. 그로 인해 핵무기를 사용해야 한다는 강경한 주장은 힘을 잃어버렸다. 이 한방으로 존슨은 압도적인 승리를 거두게 된다.

네거티브의 핵심은 감정이다. 지금 사람들을 휘감고 있는 감정이 무엇인지를 먼저 파악한 후 그 감정을 공략하는 것이다. 단, 보편 정서를 반드시 고려해야 한다. 그런 고려 없이 네거티브를 무차별적으로 휘둘러대면 상대뿐 아니라 자신을 포함한 모두가 부정적 이미지를 뒤집어쓸 수 있다.

1987년 국내 최초 저온살균 우유로 출시된 '파스퇴르'는 출시 후 시장에 신선한 충격을 주며 빠르게 성장한다. 그러던 중 1995년 10월 22일 MBC 〈뉴스데스크〉에서 "유방염에 걸린 젖소에서 고름 섞인 우유가 나온다"는 뉴스가 방영되자 소비자들은 큰 충격을 받는다. 이에 파스퇴르는 다음과 같은 광고를 내보냈다.

"우리 파스퇴르에서는
고름우유를 절대 팔지 않습니다."

여기에 한국유가공협회가 "파스퇴르 우유는 고름우유임이 밝혀졌습니다"라고 공격하며 양자 간에 싸움이 시작된다. 파스퇴르는 다시 "반성하시오, 너무나 뻔뻔스럽습니다"라고 맞받아쳤고 유가공협회는 "파스퇴르가 지금까지 국민을 속여온 명백한 증거가 여기 있습니다"라며 재차 공격한다.

서로의 핑퐁공격이 계속되자 결국 정부가 중재에 나섰고 더 이상 비방광고를 하지 않기로 합의하면서 싸움은 마무리됐다. 그러나 이미 우유 소비량은 급감한 상태였다. 싸움은 끝났지만 어느 누구도 승리하지 못한 상처뿐인 전쟁을 한 셈이다. 사실 소량의 고름은 우유 자체의 자정능력으로 소멸된다고 한다. 그런데 '고름우유'라는 자극적인 메시지로 서로 네거티브 공격을 하다 보니 우유 자체에 대한 거부감이 생긴 것이다.

5

6

네거티브라는 칼은 잘 드는 칼이다. 잘 드는 만큼 위험하기도 하다. 잘못 사용하면 베는 것이 아니라 베일 수 있다. 네거티브는 만능이 아니다. 네거티브만으로도 안 된다. 네거티브만 내뱉다 보면 메신저 자체의 이미지가 형편없게 될 수도 있다.

네거티브는 긍정을 강조하는 목적과 방향일 때가 최선이다. 혐오, 불신, 분노 등을 남기는 네거티브라면 그건 네거티브를 악용하는 것이다. 네거티브는 포지티브를 향해야 한다.

손해는 끔찍이도 싫다

....

네거티브 전략 중 하나로 손실을 자극하는 방법이 있다. 일반적으로 사람들은 같은 양이라도 이익(gain)보다 손실(loss)을 2.5배 더 크게 생각한다. 예를 들면 100만 원을 따는 것보다 100만 원을 잃는 것을 훨씬 더 크게 느낀다. 이것을 '손실회피성향(loss aversion)'이라고 한다. '오늘부터 1일' 된 기쁨보다 헤어짐의 슬픔이 더 큰 것도 바로 이 때문이다. 만남은 이득인 반면 헤어짐은 손실이니까. 그런 이유로 사람들은 어떻게든 손실을 피하고 싶어한다.

넷플릭스가 처음 한국에 진출했을 때 펼쳤던 마케팅이 있다. '30일 무료 체험'이다. 30일 동안은 돈을 내지 않고 마음대로 콘텐츠를 볼 수 있는 서비스다. 30일이 지나면 서비스를 해지하든지 유료 서비스로 전환하면 된다. 그런데 30일 무료 서비스를 이용한 사람은 대부분 유료전환 고객이 된다. 콘텐츠를 마음대로 보다가 못 보는 것은 큰 손실이기 때문에 피하고 싶은 것이다.

홈쇼핑에 자주 등장하는 반품 마케팅도 이런 측면을 공략한 전략이다. '한 달 써보고 마음에 안 들면 반품'하라고 하지만 사용 후 막상 반품하려면 왠지 가지고 있던 것을 빼앗기는 기분이다. 그래서 대부분은 반품하지 않고 그냥 구입하게 된다.

골프에서도 손실회피성향이 나타난다. 골프는 타수(공을 치는 횟수)가 적을수록 이기는 게임이다. 예를 들어 파4홀에서 4번 쳐 홀에

공을 넣어 홀아웃 하면 파(Par), 3번 만에 홀아웃 하면 버디(Birdie)다. 당연히 버디가 더 좋은 것. 만약 5번 공을 쳐 홀아웃 하면 보기(Bogey)로 한 타를 잃게 된다. 그런데 매 홀 마지막에 공을 넣는 퍼팅을 할 때 통계를 내보면 프로 골프선수들의 경우 파퍼팅의 정확도가 버디퍼팅보다 높다. 퍼팅이 쉽든 어렵든, 홀에서 얼마나 떨어져 있든 선수들은 버디퍼팅보다 파퍼팅을 할 때 성공률이 3.6% 높았다.[7] 한 타를 줄이는 이익보다 한 타를 잃는 손실이 싫어 파퍼팅할 때 더 높은 집중도를 발휘하기 때문이다.

광고일을 하다 보면 숙명처럼 따라다니는 한 가지가 있다. '경쟁 프레젠테이션'이다. 광고업계는 승자독식의 세계다. 1등을 한 회사만이 클라이언트와 계약을 할 수 있다. 프레젠테이션에서 이겨 클라이언트를 영입하는 건 회사 수익과 직결되는 문제다. 그래서 모든 광고회사들은 경쟁 PT에 목숨을 건다. PT를 준비할 땐 회사 내부에서 리뷰에 리뷰를 거치는데 그 과정에서 수많은 아이디어들이 버려지게 된다. 그래서 다시 전략과 아이디어를 개발하느라 밤을 새우기도 한다. 프레젠테이션은 광고인 입장에선 열정과 재능, 체력을 모두 갈아 넣는, 목숨을 건 전쟁이다.

그런데 이 전쟁에는 2가지 입장이 존재한다. 하나는 지키는 쪽이다. 처음 광고를 하려는 신생 브랜드가 아닌 이상 모든 클라이언트들은 대개 기존에 함께하던 광고회사가 있다. 그 상태에서 경쟁 PT를 붙이게 되면 기존 광고회사는 지키기 위한 PT를 해야 한다. PT

에서 이겨 계속 그 브랜드의 광고를 맡아 하기 위함이다. 반면 새롭게 경쟁 PT에 참여하는 회사들은 도전자의 입장이다. 어떡하든 PT를 이겨 그 클라이언트를 새롭게 영입하려 한다. 자, 여기서 지키려는 회사와 도전해 빼앗으려는 회사 중 어떤 회사가 더 기를 쓰고 프레젠테이션을 준비할 것 같은가?

도전하는 회사가 승리하게 되면 그것은 이득이다. 새로운 클라이언트를 영입했으니 새로운 수익이 보장된다. 반면 지키는 입장에서 실패하게 되면 클라이언트를 다른 회사에 빼앗기는 것이다. 그건 엄청난 손실이다. 앞으로 회사 수익이 없어진다는 것을 의미한다. 당연히 지키는 입장에서 PT를 준비할 경우 더 힘을 쏟게 되어 있다. 영혼을 갈아 넣는 전쟁인 만큼 어떤 입장이든 힘을 다 하지만 그래도 지키는 PT는 더 마음 졸이고 그래서 더 손이 많이 간다.

그 옛날 우리 조상들은 당나라, 거란 같은 외부의 적들과 싸울 때 기본적으로 성 안에서 싸웠다. 수성전을 한 것이다. 그럴 경우 성을 공격하는 공성전을 하는 쪽보다 수성전을 펼치는 쪽이 훨씬 더 악착같이 싸우는 경향이 있다. 성을 빼앗기는 건 손실이기 때문이다. 손실회피성향은 전쟁에서조차 그 위력을 발휘한다.

최근 일본에선 '타이파'(time performance의 줄임말)라는 트렌드가 유행하고 있다. 우리말로 하면 '시성비'(시간대비 성능) 정도의 개념이다.[8] 유튜브나 넷플릭스를 볼 때 1.5배속 빨리 감기로 보는 것이나 책 한 권을 10분 만에 읽을 수 있는 요약 앱을 이용하는 것 등이 모두 '타이파'다. 그런데 타이파는 단순한 시간절약 트렌드가 아니다. '세상에 좋은 콘텐츠가 넘쳐나는 상황에서 효율적으로 많은 걸 보고 싶다'는 생각이 타이파를 추구하는 이유다. 좋은 콘텐츠를 많이 못 본다면 그건 손해보는 일이니까. 그래서 이것도 보고 저것도 보려는 심리가 깔려 있다.

최근엔 스포일러가 포함된 영화 리뷰 영상을 찾아보는 사람이 많다. 재미있는 영화인지 아닌지를 리뷰 영상으로 먼저 확인하고 풀버전을 보려는 것이다. 만약 영화 전체를 다 봤는데 재미가 없다면 시간만 날려버린 꼴이 된다. 모두 손실회피성향과 관련이 있다.

하루 커피 한 잔 값이면
마사지 의자가 당신 것이 됩니다.

손실회피성향을 고려해 커뮤니케이션할 때는 가급적 듣는 사람이 손실을 피할 수 있다고 느끼도록 유도하는 것이 중요하다. 예를 들어 마사지 의자가 있는데 그 가격이 100만 원이라고 할 때 그냥 일시불로 지불해야 한다면 큰 손실처럼 느낄 것이다. 하지만 만약 '하루 커피 1잔 값으로 마사지 의자를 살 수 있다'고 하면서 커피값으로 나눠 내라고 하면 큰 손실로 느끼지 않을 것이다.

블랙 프라이데이가 시작되면 '지금 아니면 후회합니다' 같은 문구를 많이 볼 수 있다. 이걸 본 사람들은 나중에 비싼 값으로 사게 될까 봐 부랴부랴 지갑을 연다. 세일 기간이 지나 나중에 사면 왠지 손해볼 것 같은 것이다. 테마파크에서 매번 지불할 필요 없는 종합 티켓을 파는 것도, 햄버거 가게에서 세트메뉴를 추천하는 것도 다 손실회피성향을 공략하기 위한 것이라고 할 수 있다.

흔히 개혁이 어렵다고 한다. 개혁은 현재 상태를 바꾸는 것이다. 그런데 바꾸면 현재 상태는 없어지고 만다. 당연히 무언가를 잃어버리는 것으로 느낀다. 그래서 사람들은 변화를 두려워한다. 바꾸려는 자와 지키려는 자의 싸움에서 지키려는 자가 승리하는 경우가 많은 것은 손실이 두려워 더 열심히 싸우기 때문이다. 개혁의 대상인 기득권은 그래서 없애기가 쉽지 않다.

변화를 두려워하고 기존 방식을 유지하려는 현상유지편향(Status quo bias)은 일상생활에서도 흔히 볼 수 있다. 직장에서 점심시간에 찾게 되는 식당을 생각해봐도 그렇다. '오늘은 뭐 좀 특별한 거 없을까?'라며 동료들과 나서지만 가게 되는 곳은 결국 언제나 찾았던 몇 군데 중 하나다. 회사 주변에 그 많은 식당들이 있음에도 익숙한 곳으로 자연스럽게 발걸음이 옮겨진다. 변화를 시도했다가 손해봤을 때의 후회가 성공의 기쁨보다 더 크기 때문이다.

'귀차니즘'도 일종의 심리적 전환비용이 부담스럽기에 생기는 문제다. 장기 기증을 신청하는 방식을 가입방식(opt-in)으로 설계한 덴마크는 장기 기증 비율이 4%였지만 누구나 기증하는 것을 원칙으로 하고 탈퇴방식(opt-out)을 활용한 프랑스는 기증 비율이

99.9%였다.[9] 의식수준이 높아서가 아니라 탈퇴하는 일이 귀찮았던 것이다.

손실회피성향은 사람들을 빼기보다 더하기를 좋아하게 만들었다. 그래서 고통은 한꺼번에 주고 행복은 나눠서 주라고 하지 않던가.

'낯설음', 그 묘한 끌림

....

헤어지는 연인들에게서 흔히 들을 수 있는 말이 있다. 변했다는 것이다. 일명 변심. 감정의 농도와 순도가 달라졌다는 것. 사랑을 느낄 수 없다는 것. 사실 여전히 사랑한다 해도 감정의 결은 시간이 지남에 따라 달라진다.

처음엔 서로가 낯설어한다. 차츰 친숙해지고 관계가 발전하며 불꽃을 태운다. 점점 편안함을 느끼는 단계로 나아가다 이후엔 서로에게 너무 익숙해진다. 익숙함은 관성을 부르기 마련이다. 일탈본능은 자꾸 새로움을 찾는다. 익숙함에 새로움이 더해지지 않으면 결국 지루함의 수렁에 빠지고 관계는 파탄을 맞게 된다.

감정은 고인물이 아니다. 흐르고 물결치는 살아있는 물이다. 그래서 감정을 핸들링하기가 어렵다. 아무리 매력적인 사람이나 물건도 자꾸 만나고 보게 되면 익숙해진다. 재미있는 영화나 드라마도 마찬가지다. 수십 번을 봐도 질리지 않는다고 하는 사람이 있는

데 수백 번을 본다면 분명 질리게 될 것이다. 이런 현상이 '인지적응 (perceptual adaptation)'이다. 뭔가를 계속해서 들으면 더 이상 들리지 않게 되는 상태다. 한 광고를 너무 오랫동안 보면 그 광고가 익숙해져 더 이상 광고메시지를 알아차리지 못하게 된다. 오랜만에 동해바다를 찾은 사람은 파도소리에 가슴 뻥 뚫리는 속 시원함을 느끼지만 그 바닷가 앞에 사는 사람에게 파도소리는 무덤덤한 소음일 뿐이다.

'인지적응'을 깨기 위한 하나의 방법은 '낯설게 하기(Defamiliar-ization)'다. 러시아 형식주의자 쉬클로프스키는 시어는 일상어와 달라야 한다고 말한다. 습관적이고 기계적으로 받아들여지는 일상언어는 더 이상 사람들의 감각을 깨우지 못한다는 것. 따라서 시어는 그런 일상언어와 다른, 뭔가 생소하고 색다른 '낯설음'을 통해 감각을 깨우고 새롭게 느끼도록 만들어야 한다는 것이다.

'낯설게 하기'는 비단 시에만 국한된 개념은 아니다. 일탈본능을 고려해 인지과정이 개입되는 모든 영역(커뮤니케이션, 예술 영역 등)에 적용할 수 있는 개념이다. '낯설음'은 인지과정을 길게 만든다. 더 주목하게 하고 다시 한번 생각하게 한다.

그러면 어떻게 해야 '낯설음'을 만들 수 있을까? 한 가지 방법은 '다른 관점'을 찾는 것이다. 상식적이거나 일반적인 관점이 아니라 반대 관점, 색다른 관점으로 대상을 보면 낯설음을 만들어낼 수 있다. 다음의 예를 보자.

화장

얼굴에 뜬 표정을 어떻게 지울까 고민이다

김언 시인의 책《누구나 가슴에 문장이 있다》에 나오는 표현이다. 시각 자체가 다르다. 화장은 일반적으로 아름다움을 입히는 과정이다. 그런데 시인은 화장을 지우는 과정으로 본다. 감정을 감추기 위해 표정을 지우는 과정이라고. 이런 낯설음은 일탈본능을 자극한다.

아부

누구 좋으라고 하는 말이야? 나 좋으라고 하는 말이지.[10]

아부는 보통 상대를 위한 행위다. 상대를 치켜세우며 기분을 맞추는 일이기 때문이다. 시인은 반대로 '나'를 중심에 놓는다. 상대가 좋아하면 나한테 잘해줄 테니 결국 나를 위한 일이라는 것. 만약 화장, 아부를 일반적인 시각에서 이야기했다면 또 하나의 클리셰로 들렸을 것이다. 그러나 전혀 다른 관점으로 각각을 바라봄으로써 새롭고 신선한 느낌을 준다.

'낯설음'을 만드는 또 하나의 방법은 '연결'해보는 것이다. 낯선 것들이 아니라 이미 익숙한 것들을. 학생들에게 가끔 아이디어가 무엇인지 정의해보라고 한다. 그러면 '독특한 생각' 또는 '기존에 없던 뭔가 새로운 것을 개발하는 것'이라고 대답한다. 틀린 정의는 아니지만 조금 다른 관점에서 이렇게 정의할 수 있다. 아이디어는 '익숙함과 익숙함을 결합해 낯설음을 만들어내는 것'이다.

초현실주의 미술에서 사용하는 '데페이즈망(de'paysement)' 기법이 하나의 예다. 어떤 대상을 맥락과 관계없는 이질적 환경에 놓아 낯선 상황을 연출한다. 벨기에 화가 르네 마그리트의 〈The return(회귀)〉(1940)을 보면 날고 있는 새의 몸을 투명하게 뚫어놨다. 그리고 투명한 몸을 파아란 하늘에 갔다 놨다. 그래서 몸 전체가 하늘로 표현된다. 새의 몸이 하늘인 것이다. '새'라는 익숙함과 '하늘'이라는 익숙함을 결합해 기이하고 낯선 느낌을 만들어낸 작품이다.

참모 역할을 하는 술

우리나라 대표 MC 중 하나인 신동엽은 〈성시경의 먹을 텐데〉라는 유튜브 방송프로그램에서 '소주'를 이렇게 표현한 적이 있다.

이 소주는 전 세계에서 거의 유일무이한 술이지.
근데 풍미는 없지. 아예 없는데, 근데 이렇게 감자탕, 순대국의 풍미를 살려주면서 얘는 그냥 온전히 옆에서 그냥 정말 가만~히 있는, 죽을 때까지 배신 안 하는 '참모 역할을 하는 술'은 얘밖에 없는 거야.

다른 술들은 다 자기 얘기를 하고 결국 자기 주장을 하고.

…

다른 애들은 항상 자기 얘기를 하지.

애는 인정받고 싶어하지도 않고 인정받아서도 안 된다고 난 생각해. 그냥 애는 딱 여기야.[11]

익숙한 '소주'를 '참모'와 연결하고 있다. 그래서 '참모 역할을 하는 술'이라고 표현했다. 흔히 하는 것처럼 도수나 원료, 맛, 숙성, 제조방법 등을 바탕으로 술을 표현했다면 특별한 느낌은 없었을 것이다. 그런데 역할 측면에서 소주와 참모를 이렇게 연결해놓으니 낯설고 새롭다. 그런 시각이 또 공감까지 불러일으킨다. 낯설지만 고개를 끄덕이게 만드는 표현이다.

'비틀기'도 낯설음을 줄 수 있는 좋은 방법이다. 익숙함을 살짝만 비틀어도 낯설음을 줄 수 있다. '명언 제조기'라는 별명을 가질 정도로 말솜씨가 좋은 방송인 박명수의 어록을 보자.

티끌 모아 티끌
늦었다고 생각할 때가 늦었다
고생 끝에 골병 난다
성공은 1%의 재능과 99%의 빽

사람들을 격려하는 의미가 담긴 격언이나 속담을 아주 현실적으로 비틀어놨다. 묘하게도 쾌감과 공감을 준다. 씁쓸한 이야기지만 통찰과 위트가 돋보이는 비틀기다.

가는 말이 고우면 얕본다
참을 인 세 번이면 호구
"내 너 그럴 줄 알았다" 알았으면 제발 미리 말해줘라

인간심리에 대한 재미있는 비틀기다. 타인을 우습게 보는 부정적 심리나 일어난 일을 이미 다 알고 있었다는 듯 말하는 '사후확신편향(hindsight bias)'을 활용했다. 다 익숙한 개념들인데 살짝 비틀어 놓으니 색다르게 다가온다.

사람들은 '친숙함'을 좋아한다. '인지적 편안함'을 주기 때문이다. 그러나 친숙함을 넘어 너무 익숙해지면 권태로움을 느낀다. 스토리에 반전이나 전환이 중요한 이유가 무엇이겠는가? 뻔히 보이는 결말이 줄 권태가 혐오스럽기 때문이다. 권태는 그래서 늘 일탈을 부른다.

매력은 '낯설음'에 있다. 정형보다는 비정형이, 그날이 그날 같은 것보다는 뭔가 다른 날이, 예상을 벗어나는 법이 없는 사람보다는 예상 밖의 면을 가진 사람이 더 흥분되고 끌린다.

끌림은 '낯설음'에 있다.

일탈본능과 커뮤니케이션

- 긍정보다 부정, 일상적인 것보다 일탈적인 것에 눈이 더 간다. 이런 일탈본능은 생존을 위한 시스템1의 위협 대처 습성에서 나왔다.

- 보험사, 학원은 불안을 판다. 불안, 두려움, 공포 같은 부정적 감정은 사람을 움직인다.

- 네거티브는 수단이다. 강조를 위한 수단. 추동을 위한 수단.

- 네거티브가 목적이 되거나 목적이 네거티브해서는 안 된다. 그런 네거티브는 핵폭탄이다. 결국 모두를 죽인다.

- 손실과 이득은 비대칭이다. 같은 크기여도 마음의 추는 손실 쪽으로 기운다.

- 손해를 피할 수 있다고 느끼게 하라. 그러면 사람은 움직인다.

- 낯설음은 인력(引力)을 갖고 있다.

- 낯설음을 만드는 방법! 다르게 보기 / 반대로 보기 / 연결해 보기 / 비틀기.

일탈본능의 삶 ————

커뮤니케이션은 정칙과 변칙의 어울림.
정칙은 안정감을 주지만
변칙은 새로움을 가져온다.

전쟁에도 정칙과 변칙이 필요하다.
모든 전쟁은 정칙으로 시작해 변칙으로 이기는 법.
'커뮤니케이션'이라는 마음전쟁도.

우리 삶 역시 정칙과 변칙의 조화를 요구한다.
원칙으로 살되
늘 새로움을 잃지 말 것.

날기 위해선 언제나
두 날개가 필요하니까.

틀에 박힌 시각
틀에 박힌 생각
틀에 박힌 행동.

흔히 틀을 깨라고 하지만
사람들은 틀을 쉽게 벗어나려 하지 않는다.
틀이 편하고 안정감이 있기 때문이다.
그래서 틀로 세상을 보고 틀대로 생각한다.
그리고 그에 맞게 행동한다.

사람은 틀을 만들고
틀은 사람을 움직인다.

세상을 움직이는 것은 틀(frame)이다.

06

게으른 뇌가
세상을 이해하는 방식

- 틀짓기본능

한 모임에서 어떤 사람이 재미 삼아 이런 문제를 냈다.

"사랑하는 여자와 가장 친한 친구가 물에 빠졌다. 당신이라면 어떻게 하겠는가?"

사람들은 당연히 빨리 구해야 한다면서 이런저런 방법들을 말한다. 어떤 이가 구명조끼나 구명튜브를 던져야 안전하다고 하자 누군가 한가한 소리라며 자기는 바로 뛰어들겠다고 한다. 또 다른 이는 한꺼번에 둘을 구할 수 없으니 선택을 해야 한다고 목소리를 높인다. 그러면서 자기는 여자를 먼저 구할 것이라고 말한다. 그러자 무슨 소리냐 친구는 영원하니 친구가 먼저다, 이러쿵저러쿵 서로 갑론을박을 이어가고 있는데 구석에서 묵묵히 듣고 있던 한 사람이 갑자기 이런 말을 한다.

"그런데 왜 둘이 같이 있는 거야?"

'물에 빠졌다'는 사실에 주목하면 사람들은 어떻게 구조할지를 생각한다. 가장 빨리 효과적으로 구조할 수 있는 방법을 고민하고 찾는다. 그리고 그 방법대로 구하기 위해 움직인다. 그런데 마지막에 이야기한 사람은 주목한 부분이 달랐다. '물에 빠졌다'는 긴급한 상황이 아니라 '내 애인과 내 친구가 함께 있다'는 사실이다. 이렇게 되면 처음엔 의아한 생각이 들다가 점점 의심으로 변하게 된다. 그런 생각은 질투를 불러오고 미움과 분노의 감정으로 치달아 자칫 구하려는 행동을 멈칫거리게 만들 수도 있다.

사람의 주의를 끌고 주목(attention)하게 만드는 틀이 프레임(frame)이다. 위의 사례에서 '물에 빠졌으니 구해야 한다'는 '구출'과 '내 애인과 내 친구가 함께 있다니 바람피우는 것 같다'는 '의심'이 바로 틀이다. '구출'이라는 틀로 이 사건을 보면 어떻게 구할 것인가를 생각하게 된다. 그런데 구석에 있던 사람은 '의심'이라는 틀에 생각이 꽂혔다. 그러니까 왜 둘이 같이 있냐는 말이 나왔던 것이다. 어떤 틀로 보느냐에 따라 생각과 행동이 완전히 달라진다. 이것이 틀의 힘이다.

틀이 강력한 힘을 발휘하는 것은 인간의 인지체계 중 시스템1의 영향 때문이다. '휴리스틱'하게 판단하는 데 틀만큼 좋은 도구가 없다. 틀은 일종의 그릇이다. 틀은 흩어짐 없이 하나의 초점을 모아 제공한다. 안정감이 있다. 그래서 여러 가지 생각할 필요가 없게 해준다. 당연히 효율도 좋고 간편하다. 가급적 에너지를 안 쓰려는 생각의 구두쇠인 뇌에겐 안성맞춤인 셈이다. 이런 이유로 사람들은 틀을 만들고 세상을 그 틀로 보길 좋아한다. 이게 바로 '틀짓기본능'이다. 틀로 본 사실은 진실이 되고 확신과 믿음이 되며 결국 그에 따라 행동하게 된다.

틀짓기를 어떻게 하느냐, 즉 틀을 어떻게 구성하느냐는 매우 중요하다. 틀에 따라 생각과 믿음, 감정과 행동이 바뀌기 때문이다. 광고, PR, 정치, 언론, 종교, 학교, 심지어 개인의 마음속까지 모든 영역에서 다양한 틀이 사람들의 생각을 사로잡고 있다. 그중에는 건강한 생각을 만드는 좋은 틀도 있는 반면 편견에 사로잡히게 하는 악의적인 틀도 있다. 사실과 진실이 뒤섞여 있고 수많은 틀이 난무하는 요즘 무엇이 진실인지를 분간하기가 쉽지 않다. 빨간색이 진실이어도 파란 선글라스를 씌우면 온통 천지가 파랗게 보인다. 이처럼 구성된 틀이 생각과 믿음, 감정과 행동에 미치는 결정적 영향을 '틀짓기 효과(framing effect)'라고 한다.

사람들은 틀 만들기를 좋아하고 틀로 세상을 본다. 그리고 그 틀이 보여주는 대로 움직인다. 세상은 틀 안에 있다.

개념이 만드는 틀 - 프레임

....

노세 노세 젊어서 노세

늙어지면 못 노나니

화무는 십일홍이요

달도 차면 기우나니라

'노래가락 차차차'라는 노래가사의 일부다. 젊은 시절, 친구들에게 놀러가자고 할 때면 늘 이 노래가사를 읊어대며 옆구리를 찔렀다. 우리는 젊으니까 놀아야 한다면서. 이 노래를 흥얼거리다 보면 '젊음'이 '놀아야 한다'는 것과 자꾸 연결되어 떠오른다. 그래서 노래를 들이대며 졸랐던 듯싶다.

우리는 보통 어떤 말을 들으면 특정한 생각을 떠올린다. '공부'라고 하면 당연히 '학생'이 떠오른다. 학생 때는 열심히 공부해야 한다는 생각 때문이다. 그런데 '평생공부'라는 말을 들으면 특정 대상이 떠오르지 않는다. 대신 '사람은 죽을 때까지 공부하고 배워야 해', '때가 따로 있는 게 아냐'라는 생각이 든다. 언어는 이처럼 어떤 개념과 연결되어 있다.

일반적으로 어떤 한 단어를 들으면 다양한 연상이 한꺼번에 활성화된다. '주방장'이라는 단어를 보자. 땀을 뻘뻘 흘리며 고래고래 고함도 치고 정신없이 부엌을 뛰어다니는 사람이 연상된다. 주방일 하는 사람의 우두머리 정도로 여겨진다. 그런데 요즘 흔히 말하는 '셰프'라고 하면? 유명 음식점에서 자기만의 노하우를 바탕으로 고급 요리를 만들어내는 장인 느낌이다. 뭔가 전문적이면서도 고상하고 우아한 이미지까지 있다. 사실 '주방장'과 '셰프'는 같은 말이다. 그러나 단어가 만들어내는 이미지와 뉘앙스는 전혀 다르다.

종종 SNS에 지인들이 올리는 글에서 '수주'라는 말을 보게 된다. 새로운 광고건을 따서 신규 업체의 광고를 기획, 집행하게 되었다는 뜻이다. 그런데 '수주'라는 말을 들으면 왠지 썩 유쾌하지 않다. 전형적인 '을'의 느낌이다. 피동적이고 객체의 입장이 된다. 제조업이나 건설, 토목업에 어울릴 것 같다. 예전엔 새로운 클라이언트를 '영입'했다고 했지 광고건을 '수주'했다고 하지 않았다. '영입'이라고 하면 '을'이라기보다 '파트너'의 느낌이 강하다. 전문가로서 좀더 능동적이고 주체적인 입장이 된다. 뭐라고 부르느냐에 따라 스스로의 정체성과 위상이 달라지는 것이다.

언어는 개념을 만들고 개념은 프레임(틀)이 된다. 프레임을 만드는 것은 생각의 화산, 연상의 화산을 터뜨리는 행위다. 《코끼리는 생각하지 마》를 쓴 조지 레이코프는 이렇게 말했다. "모든 단어는 개념적 프레임에 맞추어 정의되고 우리가 어떤 단어를 들었을 때 우리 두뇌에서는 그 단어와 결부된 프레임이 작동된다. 프레임을 재구성하는 것은 대중이 세상을 바라보는 방식을 바꾸는 것인데, 새로운 프레임을 위해서는 새로운 언어가 요구된다."[1]

프레임은 일종의 안경이다. 틀을 만드는 '프레이밍'은 사람들에게 특정 프레임을 통해 세상을 보도록 '안경을 씌워주는 것'이다. 빨갛게 보도록 하기 위해서는 빨간색 안경을 씌우면 된다. 세상을 파랗다고 믿게 하려면 파란 안경을 씌워주면 된다. 특정 단어는 특정한 개념의 안경 역할을 한다.

클린디젤

'클린디젤'은 독일을 중심으로 한 유럽 차들이 상대적으로 경쟁력을 갖고 있던 디젤엔진을 밀기 위해 고안해낸 프레임이다. 태생적으로 가솔린보다 인체에 유해한 가스를 많이 배출할 수밖에 없음에도 폭스바겐은 배출가스를 조작해 마치 디젤엔진이 더 청정한 것처럼 이야기했다. 우리나라에서도 한때 디젤엔진을 장려해 디젤 바람이 불었던 적이 있다. 그러나 디젤 게이트 이후 현재 '클린디젤'은 허구임이 드러났고 디젤차에 대한 인기는 사라져버렸다. 이제는 누구도 '클린디젤'이라고 말하지 않는다.

2022년 10월 29일, 이태원에서 있었던 참사에 대한 의도적인 프레임도 있다. 많은 언론에서는 이 참사의 유족들을 '이태원참사 희생자 유족'이라고 불렀다. 그런데 몇몇 언론사에서 '핼러윈 유족'이라는 말을 쓰기 시작한다. '핼러윈'이라고 하면 '놀러가서 사고당한 것 아니냐', '광란의 축제엔 왜 가냐', '혹시 마약?' 등 개인의 일탈과 관련된 느낌을 준다. 국가의 책임은 사라지고 '참사'가 아닌 '사고'로 보게 한다. 이런 말은 일종의 혐오프레임이다. 참사를 참사로 보지 못하게 하고 희생자들에게 자칫 부정적 이미지를 씌울 우려도 있다.

정치에서는 의도적 프레임을 많이 사용한다. 조지 오웰은 소설 《1984》에서 정치지도자들은 국민에게 주는 충격을 줄이기 위해 애 매하거나 모순된 표현을 자주 사용한다고 풍자했다.[2] 예를 들면 '불 경기' 대신 '경기순환', '가격인상' 대신 '가격현실화'라고 하는 것이 그런 사례다.

지구온난화 vs. 기후변화

미국의 언어 전략가 프랭크 런츠(Frank Luntz)는 '지구온난화'라 는 말을 쓰지 말라고 보수주의자들을 설득했다. 너무 무섭게 들리 고 여기에 인간이 일정한 역할을 한다는 암시가 느껴진다는 이유 다. 대신 '기후변화'라는 말을 쓰라고 했다. '기후'(야자나무를 떠올려보 라)라는 말은 기분 좋게 들리고 '기후변화'는 인간의 개입없이 저절 로 일어날 수 있는 일이기 때문이다.[3]

정치계에서 나오는 말 중에 그냥 나오는 말은 거의 없다. 대부분 각각의 노림수를 가지고 세상에 등장하는 프레임이다. 그래서 정 치인들의 말은 어떤 사실이 프레임으로 구성된 것인지를 잘 봐야 한다.

주초위왕

　역사적으로 프레임은 정적을 제거하는 강력한 무기로 활용되기도 했다. 조선 중종 때의 개혁정치가 조광조가 대표적 사례다. 성리학을 기본으로 왕도정치를 실현하고자 했던 조광조에 반발해 훈구파는 기묘사화를 일으킨다. 그때 만들었던 프레임이 '주초위왕'이다. 주(走)와 초(肖)를 합치면 조(趙)가 되는데, 바로 조광조가 왕이 된다는 것이다. 이 글자를 나뭇잎에다 꿀로 써 벌레가 갉아먹게 한 뒤 소문을 퍼뜨리고 왕의 귀에까지 들리도록 만들었다. 그후 정적들은 조광조가 반란을 꾀하려 한다며 결국 왕의 마음을 흔들어 조광조를 처형하고 만다. 프레임이 반복되어 자리잡으면 진실 여부와는 상관없이 하나의 상식이 되고 믿음이 된다. 그리고 그렇게 자리잡은 프레임은 바꾸기가 매우 어렵다.

　때론 같은 단어를 다른 프레임으로 바라본 탓에 갈등과 충돌이 일어나는 경우도 있다. 똑같은 말을 각자 다른 개념으로 해석하는 것이다. 대표적인 예가 '공정'이다. 한쪽에선 '공정'을 '경쟁' 프레임으로 본다. 경쟁을 통해 승과 패가 결정되면 승자가 이익을 갖는 것이 공정하다는 것이다. 따라서 실력 있는 사람이 많이 차지하고 명문대 출신과 비명문대 출신의 임금격차도 당연하다고 생각한다. 일종의 약육강식 프레임이다. 반대로 '공정'을 '분배' 프레임으로 보는 시각도 있다. 출발선이 다른데 공정한 경쟁이라고 할 수 있느냐는 것이다. 소득양극화가 심해지고 경제적 불평등이 심화되는 상황에서 공정을 위해서는 분배와 조정이 필요하다는 입장이다. 이런 측면에서 '공정'을 위한 정부의 역할을 강조하기도 한다.

'낙태' 또한 각기 다른 프레임이 존재한다. '여성의 자기결정권'이라는 측면에서 보면 낙태는 '선택권'이 될 수 있다. 여성이 본인 삶이나 건강을 고려해 선택할 수 있는 권리인 것이다. 반면 '생명보호', '생명윤리'라는 측면에서 보면 '낙태'는 '생명권'이 된다. 인간으로서 생명을 보호하고(보호받고) 그 생명을 유지할 권리가 있기에 낙태는 안 된다는 입장이다. 어떤 프레임으로 보느냐에 따라 같은 말이라도 전혀 다르게 해석될 수 있다.

독일의 실존철학자 하이데거는 '언어는 존재의 집'이라고 했다. 언어는 개념을 만들고 프레임을 만든다. 어떤 프레임으로 보느냐에 따라 생각과 행동이 달라진다. 프레임은 생각과 행동의 집이다.

궁극의 틀 - 감정프레임

....

이런 질문을 한번 해보자. 만약 인류 역사상 사람들을 움직인 최고의 프레임이 있다면 그건 무엇일까? 각자의 환경이나 삶에 대한 관점에 따라 답은 다를 수 있다. 또 우선순위나 관심 분야에 따라서도 달라질 수 있다. 다양한 답이 나올 수 있겠지만 내 생각엔 사람들을 움직인 최고의 프레임은 이것이 아닐까 싶다.

할 수 있다

'우리는 할 수 있다', '마음만 먹으면 무엇이든 할 수 있다', '그러니 한번 해봐라', '절대 포기하지 마라' 등 일종의 피그말리온 효과를 일으키는 말들이다. 모두 '할 수 있다'는 프레임이 낳은 것들이다. 심지어 세계 1위 스포츠 브랜드 나이키의 전설적인 슬로건 'Just do it' 역시 이 프레임에서 나온 것이 아니던가?

사실 세상을 살다 보면 할 수 있는 것과 할 수 없는 것이 있다. 어쩌면 여건상 할 수 없는 일이 훨씬 많을 것이다. 그럼에도 이 프레임은 언제나 강력하게 작동한다. 그 어떤 논리적 근거도 없이. '할 수 있다'가 강력한 것은 바로 '감정'과 연관되어 있기 때문이다.

'할 수 있다'는 한스-게오르크 호이젤이 말한 3가지 감정시스템(지배, 자극, 균형) 중 일종의 지배시스템과 관련이 있다. 지배시스템은 자부심, 승리감, 우월감을 경험하고 싶은 감정이다.[4] '할 수 있다'는 이런 감정을 자극한다. 그래서 사람들을 움직이게 만든다. 끝까지 가보라고 밀어붙이며 포기하지 않게 한다. 감정프레임의 힘은 그만큼 강력하다.

프레임 연구에 따르면 감정프레임이 논리프레임에 비해 더 효과적이라고 한다. 마찬가지로 감정 전달이 용이한 내러티브적 서술이

다른 서술보다 더 효과적이다.[5] 스탠퍼드대학 정치학 교수인 샨토 아이엔가(Shanto Iyengar)는 이것을 '주제적 프레임(thematic frame)' 과 '일화적 프레임(episodic frame)'으로 설명했다. 주제적 프레임이 이슈와 사건분석을 중심으로 이야기를 짜는 것이라면 일화적 프레임은 개인 에피소드를 중심으로 주제를 전달하는 방식이다.

예를 들어 당뇨병 환자에게 "지금이라도 발 관리를 잘 하면 발가락 절단 확률을 낮출 수 있습니다"라고 말하는 것은 주제적 프레임이다. 그러나 "50대 당뇨 환자가 나뭇가지에 발가락을 찔렸는데 아프지 않다고 그냥 뒀다가 발가락을 자르고 말았어요"라고 한다면 그것은 일화적 프레임이다.[6] 효과 측면에서 전자보다는 후자가 훨씬 좋다. 에피소드를 중심으로 구성된 이야기는 듣는 사람의 감정을 자극하는 감정프레임이기 때문이다.

프레젠테이션을 하거나 연설을 할 때 자기 얘기로 시작하는 경우가 있다. 예를 들어 "어린시절, 저는 엄마가 시장에 갈 때면 꼭 따라가곤 했었는데요"라고 하면서 이야기를 시작하는 식이다. 이것 역시 감정을 자극하는 일화적 프레임이다. 이럴 땐 청중들이 유독 관심을 보이며 귀를 기울이는 것을 볼 수 있다.

총기규제 vs. 총기안전

프레임에 감정이 실린 단어나 감정을 일으키는 단어를 어떻게 골라 사용할 것인가 하는 것은 프레임 구성의 핵심적인 문제다. 미국에서는 심심찮게 총기사고가 많이 일어난다. 특히 청소년 총기사고 같은 경우 사회적으로 엄청난 충격을 몰고 온다. 그럴 때마다 등장하는 말이 있는데 바로 '총기규제(gun control)'다. 그런데 미국 사람들의 경우 '총기규제'라는 말을 들으면 반감을 갖는 사람들이 꽤 있다. '규제'라는 말이 '개인의 자유'라는 미국인의 가치체계에 반하는 것으로 여겨져 거부감을 갖는 것이다. 그래서 대안으로 제시된 단어가 '총기안전(gun safety)'이다. '안전'이라는 말에 반감을 느낄 사람은 없기 때문이다.[7]

무상급식 vs. 의무급식

십여 년 전, 온 나라가 네 글자로 인해 뜨거웠던 적이 있다. 바로 '무.상.급.식'이다. 글자 그대로 급식비를 받지 않고 제공하는 급식이다. 사실 아직도 이 논쟁은 끝나지 않았다. 찬성하는 입장과 반대하는 입장이 다양한 이유로 갈린다. 어떤 입장에 있든지 '무상'이라는 말이 주는 감정은 곱지 않다. 그것이 '공짜'라는 의미로 전달되든 '구별'이라는 의미로 이해되든. 교육이 의무교육이듯 처음부터 급식도 '의무급식'이라고 했다면 어땠을까? 논쟁의 여러 측면이 지금과는 좀 달라지지 않았을까.

극렬지지층 vs. 적극지지층

어떤 프레임은 단어 자체가 주홍글씨가 되기도 한다. 최근 한 정당의 지지층을 '극렬지지층'이라고 규정해 논란이 된 적이 있다. '극렬'이라고 하면 어떤 시스템을 붕괴시키는 사납고 거친 행위가 연상된다. 군사정권 시절 뉴스에 많이 나오던 '극렬용공분자'라는 말도 생각나고 '극우'라는 단어도 떠오른다. 뭔가 무섭고 거친, 그래서 부정적 감정을 일으키는 말이다. 그런데 정작 그들 스스로는 '적극지지층'이라고 이야기한다. '적극'이라는 말은 긍정적이고 호의적인 감정이 드는 말이다. 무엇이든 적극적인 것이 소극적인 것보다 낫다. 이런 좋은 뜻이 '극렬'이라는 단어로 대체되면 전혀 다른 감정과 생각이 들게 한다.

아마도 우리나라에서 최고의 주홍글씨는 '빨갱이'와 '친일파'일 것이다. 오랜 역사 속에 상처로 각인된, 시간이 많이 지났음에도 여전히 사회 전체 DNA에 남아 있는 낙인의 프레임이다. 이 단어들에 대한 사람들의 분노와 상처, 두려움이 얼마나 강렬한지 알기에 정치인들은 이것을 프레임으로 자꾸 사용하려 한다. 정적을 이렇게 규정해 사람들의 감정을 자극하려는 것이다. 실제로 이제는 너무 많이 남발돼 다소 무덤덤해진 경향도 있지만 여전히 사회적 감정을 거세게 불러일으키는 프레임인 것은 분명하다.

커뮤니케이션이 감정의 문제이듯 프레임 역시 감정의 문제라고 할 수 있다. 감정프레임은 사람들을 감정 휴리스틱(affect heuristic)으로 판단하고 움직이게 만든다. 사실 모든 프레임들은 종류와 정도가 다를 뿐 다양한 감정과 연관되어 있다. 강력한 프레임이 되기 위해서는 정밀한 감정설계가 필요하다. 감정은 논리보다 힘이 세기 때문이다.

뭐라고 규정할 것인가 - 정의(Definition)의 힘

....

2007년에 창립해 홈씨어터PC, 로봇청소기 등을 판매하며 급성장했던 기업이 있다. 1억 달러, 2억 달러 수출탑도 2번이나 수상했던 기업이다. 지금은 금융사기로 물의를 빚고 퇴출되었지만 그 당시엔 떠오르는 신성 같은 기업이었다. 이 기업에서 새로운 가습기를 출시하면서 광고를 위한 경쟁 프레젠테이션에 우리를 초대했다. 오리엔테이션에 참석해 설명을 들어보니 그냥 가습기가 아닌 '미용가습기'란다. '미용가습기 시장을 만들고 거기서 1위를 하는 것'이 목표라고 했다. OT를 듣고 돌아온 후 내내 한 단어가 마음에 걸렸다. '미용가습기'라는 바로 그 말. 그래서 한 달여간의 준비를 마치고 프레젠테이션을 할 때 PT 첫머리에 이렇게 문제를 제기했다.

'미용가습기'라고 하면 소비자들은 어떻게 받아들일 것인가?

'가습기'는 '건강'의 영역이다. 사람들은 보통 건조해서 목이 아프거나 감기에 걸릴까 봐 가습기를 틀어놓는다. 그런데 '미용'이라고 하면 인식의 괴리가 생긴다. 한경희에서 '스팀테라피'라는 제품을 내놓았을 때 어땠었나? 한경희의 '스팀'은 이미 '청소기'의 상징이 되었는데 '테라피'라고 하니 기존 인식과 충돌하지 않았나? 당연히 써보기도 전에 전문성이나 효과에 대한 기대감이 떨어졌다. '미용가습기'라고 해선 안 된다. 인식상의 간극도 문제지만 새로운 시장을 만들기는커녕 기존 가습기 시장의 일부로 시장을 좁힐 우려가 있다. 다시 정의하자. 이 새로운 제품을 우리는 '보습기'라고 규정할 것을 제안한다. 보습기는 ①'건강'이 아닌 '미용'과 바로 붙고 ②새로운 카테고리의 시장을 창출할 수 있으며 ③이해하기 쉽고 기능적 이미지까지 얻을 수 있는 개념이기 때문이다.

이런 제안으로 시작한 PT는 매우 성공적이었다. 특히나 PT를 듣던 여성 광고주들의 경우 스킨케어에 관여도가 높은 만큼 우리의 제안이 무슨 의미인지 바로 이해하고 공감했다. 어떻게 정의하느냐, 무엇이라고 규정하느냐가 이후에 모든 것을 결정한다. 그런 정의(definition)는 하나의 개념이 되고 그 개념은 프레임으로 작동하기 때문이다. 그에 따라 마케팅 방향이 바뀌고 소비자 인식이 달라진다. 기존 카테고리에 속할 것인지 새로운 카테고리를 창출할 것인지도 여기에 달려 있다.

최근 해마다 발간되고 있는 트렌드 관련 책들을 보면 다양한 트렌드 워딩들이 등장한다. 체리슈머, 디깅모멘텀, 러스틱라이프 등 생소한 말들이지만 최근 사회를 관통하고 있는 트렌드를 하나의 단어로 규정하고 있다. 그런데 가끔은 그런 생각이 든다. 트렌드여서 그렇게 규정한 것인지, 아니면 그런 정의 때문에 트렌드가 된 것인지. 아마도 둘 다가 아닐까 싶다. 실제 트렌드이기도 하고 그 트렌드를 정의한 후엔 프레임으로 작용해 그 트렌드를 더 가속화하는. 어찌되었든 트렌드 관련 책들은 일종의 '데피니션으로 쓰여진 책'이라고 할 수 있다.

이런 예도 생각해볼 수 있다. 최근 마약 관련 이슈들이 많은데 만약 경찰관들이 마약단속을 하다가 무고한 시민을 총으로 쏴 사망케 하는 사건이 발생했다고 하자. 이것을 '마약사범단속'이라고 규정하면 경찰의 무리한 수사와 과잉대응이 불러온 참사라고 비난이 일 확률이 높다. 그런데 '마약과의 전쟁'이라고 하면 조금 달라진다. '마약과 벌이는 전쟁은 소풍이 아니다. 전쟁엔 사상자가 따르기 마련이다. 그렇다고 쳐들어온 적과 싸우는 전쟁을 멈출 수는 없는 것 아닌가. 우리는 헤로인, 코카인이라는 적에 절대 굴복할 수 없다.'[8] 이런 프레임으로 이야기하면 비난이 아니라 어쩔 수 없는 비극 정도로 여겨질 수도 있다.

문제해결도 '정의'가 중요하다. 문제를 해결하기 위해선 문제가 있다는 것을 아는 것이 첫 번째다. 그리고 두 번째는 그 문제가 무엇인지를 규정하는 것이다. 문제 정의가 잘못되면 솔루션 자체가 헛것이 되어버린다. 아인슈타인은 그래서 이렇게 말했다. "세상을 구할 수 있는 한 시간이 나에게 주어진다면 55분은 문제를 정의하는 데 쓰고 나머지 5분 동안 문제를 풀겠다"라고.

세계적으로 유명한 엘리베이터 기업인 OTIS는 고객들로부터 엘리베이터 속도가 느리다는 불평을 계속 들었다. 이에 모터와 윤활 시스템이 문제라고 보고 더 성능 좋은 모터 개발과 윤활시스템 개선에 박차를 가한다. 그러나 고객의 불만은 사라지지 않았다. 그러던 중 신입사원이 아이디어 하나를 제안한다. 엘리베이터에 거울을 설치하자는 것이다. 느린 속도는 폐쇄된 공간에서 답답해하고 힘들어하는 '심리적 문제'지 물리적 문제가 아니라는 것. 이런 제안에 따라 실제로 거울을 설치했고 고객들의 불만은 급격히 줄어들었다.

이런 사례도 있다. 미국의 제3대 대통령 토머스 제퍼슨을 기리는 '제퍼슨 기념관'의 대리석이 부식됐다. 얼핏 생각하면 '대리석이 너무 오래된 것이 문제'라고 판단할 수 있다. 그러면 대리석을 통째로 갈아야 한다. 돈이 많이 드는 대공사가 될 것이다. 그런데 왜 그랬는지를 파고드니 문제가 달라졌다. 저녁이 되면 기념관에 나방이 몰려들고 그 나방을 잡아먹으려고 거미들이 온다는 것이다. 그런데 그 거미를 잡아먹기 위해 비둘기가 모여들어 똥을 쌌다. 그것을 비눗물로 자꾸 씻다 보니 대리석이 부식되었다는 것. 결국 문제는 나방을 불러모은, 황혼 무렵 점등된 '기념관 불빛'이었다. 문제를 이렇게 정의하면 솔루션이 간단해진다. 불을 끄면 되니까. 문제 정의는 문제를 해결하기 위한 프레임을 만드는 것이다. 어떤 프레임이냐에 따라 솔루션이 완전히 달라진다. 문제 정의가 중요한 이유다.

잘 정의된 프레임은 이후 자기 행동의 가이드라인으로 작동하기도 한다. 요즘 가요계에선 앨범이 나오면 음원 릴리즈 한 시간 안에 성패 여부가 결정된다. 발매시기에 맞춰 기사 뿌리고 인터뷰하고 쇼케이스, 포털 작업, 티저 제작 등 갖가지 노력을 다하는데 그 결과가 차트순위로 불과 한 시간 안에 판가름나는 것이다. 이런 상황에 회의가 들어 음악작업을 뭔가 다르게 해보자고 시도한 가수가 있다.

가수이자 프로듀서, 예능인이기도 한 윤종신이다. 2010년부터 그는 '월간 윤종신'이라는 타이틀로 한 달에 한두 곡 정도 곡을 만들어 올린다. 벌써 14년째다. SNS로 시작했던 것이 이제는 .com 사이트도 있고 유튜브에도 채널이 있다. '월간 윤종신'에 매달 곡을 올리다 보니 이게 쌓여 아카이브가 되었다. 그 덕에 영화, 소설, 게임 등 다양한 콘텐츠와 콜라보 제의도 들어오고 뒤늦게 자신의 음악을 발견한 팬들 덕에 2년 전 올린 음원의 수익이 지금 들어오기도 한다.[9]

이것은 '월간 윤종신'이라는 프레임이 이끈 힘이다. 제목이 '월간 윤종신'이니 매월 곡을 만들지 않을 수 없다. 1년에 한두 곡 만들었다면 월간 윤종신이 아니라 '연간 윤종신'이 되었을 것이다. '월간 윤종신'이라는 타이틀은 창작자로서 꾸준히 곡을 만들도록 한 프레임이자 가이드라인으로 작용했다. '월간 윤종신'은 이제 윤종신 음원발매의 방식이자 팬들과 소통하는 플랫폼이며 윤종신 음악을 바라보는 대중의 인식이기도 하다.

– '월간 윤종신' 유튜브 채널

자신의 신념이나 철학을 규정해 프레임화하면 사고와 행동을 이끄는 강력한 지침이 될 수 있다. 최근 개신교의 주목받는 리더 중하나인 이찬수 목사는 자신이 목회하는 교회의 근간을 '한 사람 철학'이라고 규정했다. '사람을 거래관계로 보지 않는 것, 한 사람을 소중히 여기는 것, 천 명의 성도가 모이든 만 명의 성도가 모이든 한 사람에 대한 사랑이 식어서는 안 된다는 것'이 '한 사람 철학'이다.[10] 목회철학이 이렇게 정의되면 교회의 모든 활동이 그 프레임에 맞게 설계되고 운영된다. 제자 훈련을 영향력 있게 진행할 수 있었던 것도 결국 '한 사람 철학'이라는 프레임이 있었기에 가능했을 것이다.

'정의(definition)'가 존재를 규정한다. 좋은 정의는 좋은 해답을 불러온다. 정의가 생각을 지배하고 행동을 이끈다. '정의'는 곧 프레임이다.

잘 불러주면 꽃이 된다 - 네이밍

…………

학교를 졸업하고 입사한 첫 직장은 당시 국내 1, 2위를 다투던 대기업 광고회사였다. 한참 경기가 좋았을 때라 신입사원을 50명이나 뽑았는데 바로 업무에 투입하지 않고 약 두 달 반 정도 교육을 시켰다. 학생 때처럼 같이 교육받으며 시간을 보낸 덕에 동기들과는 금방 친해질 수 있었다. 그때 동기들이 나에게 붙여준 별명이 있다.

질문의 대마왕

아마도 강의시간마다 자주 질문을 했었나 보다. 그것도 당시 수준에선 꽤 그럴싸한 질문을. 강사에게 무슨 질문만 하면 동기들이

"와! 질문의 대마왕"이라고 농담 반 진담 반으로 추켜세우니 왠지 자꾸 질문을 해야 할 것 같은 생각이 들었다. 그래서 어떤 때는 없는 질문을 일부러 만들기도 하고 더 날 선 질문을 하려 애쓰기도 했다. '질문의 대마왕'이라는 별명대로 이름값 하려던 게 아니었을까 싶다.

이것이 '점화효과(priming effect)'다. '점화효과'는 어떤 상황이나 단어, 개념이 이후의 감정이나 생각, 행동을 촉발하는 효과를 말한다. 예를 들어 'SO_P'의 빈칸을 채워보라고 하면 최근 '먹다'라는 단어를 보거나 들은 사람은 SOUP(수프)를 떠올리기 쉽다. 반면 방금 '씻다'라는 단어를 봤다면 아마도 SOAP(비누)를 떠올릴 것이다.

행동에 있어서도 마찬가지다. 한 실험에서 참가자들에게 가상의 인물한테 이메일이나 전화로 거짓말을 하라고 시켰다. 그런 다음 책상에 놓인 물건 중 좋은 것을 골라보라고 한다. 그러자 전화로 거짓말을 한 사람은 구강청결제를 골랐고, 이메일로 거짓말을 한 사람은 비누를 골랐다.[11]

탈골스윙

인간이 즐기는 다양한 운동 중에 움직임이 제일 어려운 운동을 꼽으라고 하면 '골프'가 아닐까 싶다. 오죽하면 삼성그룹 고 이병철 회장도 '자식과 골프는 마음대로 안 된다'고 했을까. 다른 운동의 경우 보는 방향으로 움직이는 것이 대부분이다. 그런데 골프는 앞으로가 아니라 옆으로 움직임이 이루어진다. 그것도 똑바로 서지 않고 몸을 구부린 채. 그래서인지 착각이 발생한다. 본인이 느끼는 움직임과 실제 몸의 움직임이 다른 것이다. 이런 탓에 골프 레슨을 하는 교습가들에겐 스윙 메커니즘을 어떻게 하면 이해하기 쉽게 설명할 것인가가 늘 고민되는 숙제다. 그래서 스윙에 여러 이름을 붙이기도 한다. 태풍스윙, 로켓스윙, 골골무족 등 정말 다양하다.

그중 최근에 가장 인상 깊게 들었던 이름이 있다. '탈골스윙'이다. 골프 스윙에는 다양한 요소가 필요하지만 가장 기본은 힘을 빼는 것이다. 그래야 휘둘러지고 골프채에 힘을 전달할 수 있다. 힘을 빼지 못하면 아이러니하게도 정작 힘은 쓰는데 공은 멀리 날아가지를 않는다. 그런데 힘을 빼는 게 정말 어렵다. 도대체 얼마나 힘을 빼야 하는지도 애매하다. 이런 상황에서 '탈골'이라고 하니 느낌이 확 온다. 어깨뼈가 빠져 전혀 힘을 못 쓰고 흐느적거리는 모습이 연상된다. 팔이 덜렁거리며 매달려 있는 그런 모습이다. 좀 촌스럽고 날것 같은 단어지만 회상용이성(availability)이 좋아 오히려 생생하다. 힘 빼라고 백 번 얘기하는 것보다 이 한마디의 이름이 스윙을 익히는 데 훨씬 효과적일 것 같다.

이름은 점화효과를 일으키는 하나의 프레임이다. 단순히 식별하거나 구별하는 역할을 넘어 보거나 듣는 사람의 감정과 태도를 촉발한다. 따라서 네이밍(naming)을 할 때는 그 이름이 어떤 감정과 행동을 촉발하게 될지를 잘 예측해 단어를 선택해야 한다.

오바마케어

미국의 한 TV 쇼에서 로스앤젤레스 거리를 지나는 행인들에게 간단한 질문을 한 적이 있다. '오바마케어'와 '저렴한 건강보험법' 중 어느 쪽이 더 좋은지를 물은 것이다. 응답자의 대다수는 '오바마케어'는 싫지만 '저렴한 건강보험법'은 좋다고 대답했다. 사실 그 두 개는 같은 법안인데 그들 대부분은 그것을 알지 못했다.

'오바마케어'는 오바마의 정적들이 만든 이름이다. 정부의 장악과 안락사를 강요하는 내용이 포함되어 있는 법안이라고 끊임없이 공격하며 이 이름을 사용했다. 그들은 절대 '저렴한 건강보험법'이라는 이름을 사용하지 않았다. 그러다 보니 '오바마케어'가 원래 좋은 취지를 갖고 있는 법안임에도 시민들은 부정적으로 생각했다. '오바마케어'라는 이름이 시민들에게 나쁜 이미지를 촉발하는 프레임으로 작용했던 것이다.[12]

샘

제품이나 법안뿐만 아니라 예술작품에 있어서도 이름은 중요한 역할을 한다. 혁명적인 프랑스 미술가 마르셀 뒤샹은 '샘(fountain)'

이라는 작품으로 현대미술을 뒤집어놓았다. 1917년 한 전시회에 출품한 이 작품은 남자 소변기를 가져다놓은 것이다. 작가가 만든 창작물을 작품으로 보여주는 것이 상식인데 마르셀 뒤샹은 기존에 만들어진 물건(레디메이드)을 작품이라고 내놓았다. 그런데 작품명이 '샘'이라고 하니 말이 되는 것도 같다. 그 이름으로 보면 단순한 소변기가 아니라 생명의 근원에서 뭔가 솟아나는 느낌도 든다. 만약 작품 제목을 이렇게 달지 않았다면 그 소변기를 감히 작품이라고 이야기하지는 못했을 것이다. 이 작품으로 마르셀 뒤샹은 '개념미술'이라는 장르의 창시자로 불리게 된다.

음악도 마찬가지다. 일반적으로 클래식 음악의 경우 표현이 모호하면 사람들이 어려워한다. 그래서 원래 곡에 이름이 없는데 출판업자들이 곡에 제목을 붙이는 경우가 있다. 하이든의 현악 4중주 '종달새'나 베토벤의 '월광'이 그런 경우다.[13] 이렇게 곡에 제목을 붙이면 사람들은 그 제목으로 곡을 이해하고 들으려 한다. 곡 이름이 곡을 이해하는 프레임이 되는 것이다.

옛날엔 아기가 태어나면 작명소를 찾는 사람들이 많았다. 이름에 따라 인생이 달라진다고 믿었기 때문이다. 이름은 정체성에 대한 정의다. 그리고 태도와 행동에 영향을 미친다.

'이름대로 산다'는 말이 있다. 이름은 강력한 프레임이다. 이름이 꽃이다.

틀은 움직이는 거야 - 리프레이밍

....

어떤 집 식탁 위에 물컵 한 잔이 놓여 있다. 컵엔 물이 반쯤 채워져 있다. 목이 타는 듯 갈증을 느껴 허겁지겁 집으로 뛰어들어온 사람이 이 컵을 본다면 뭐라고 말할까?

우리는 흔히 이 상황을 2가지로 이야기한다. '물이 반밖에 없다' 또는 '물이 반이나 남았다'라고. '반밖에 없다'고 하면 꽤 비관적인 사람으로 볼 것이고 '반이나 남았다'고 하면 낙관적인 성격의 소유자로 여길 것이다. 그런데 과연 이 2가지밖에 없는 걸까?

미국 스탠드업 코미디의 대부라고 불리는 조지 칼린(George Carlin)은 이 물컵을 본 후 이렇게 말했다.

"나는 컵이 너무 크다고 생각해."

우리가 흔히 말하는 '반이나 남았다'와 '반밖에 없다'는 2가지 관점은 '물의 양'이라는 프레임으로 그 현상을 본 것이다. 그랬기 때문에 물이 많이 남았다, 적게 남았다를 이야기할 수밖에 없다. 그런데 조지 칼린은 '컵의 크기'를 프레임으로 말했다. 컵을 프레임으로 보면 물이 많고 적고는 문제가 아니다. 컵이 마시기에 큰지 작은지가 중요해진다. 프레임을 바꾸면 문제가 달라진다.

'리프레이밍(reframing)'은 사람들의 인식이나 행동을 바꾸는 가장 좋은 방법 중 하나다. 지금의 인식을 만든 프레임을 깨버리고 새로운 프레임을 짜는 것이다. 정의를 재정의하는 것이라고 할 수 있다.

악마식물 → 귀족식물

옛 독일의 중심이라고 할 수 있는 프로이센에 유명한 계몽군주가 있었다. 감자대왕으로 유명한 '프리드리히' 대왕이다. 그는 프레임 측면에서 보면 리프레이밍의 귀재라고 할 수 있다. 그 당시 프로이센 사람들은 밀을 주식으로 먹었는데 어느 해 심한 흉년이 들어 밀을 먹을 수 없게 된다. 대신 그 지역에는 감자가 많이 있어서 흉년 걱정을 덜 수도 있었다. 그러나 문제는 감자에 대한 사람들의 인식이었다. 울퉁불퉁하니 못생긴 감자는 분명 '악마식물'일 거라고 믿고 건드릴 생각조차 하지 않는 것이다.

답답해하던 프리드리히 대왕은 칙령을 내려 감자는 '귀족식물'이니 아무나 기르거나 먹지 말라고 이야기한다. 그리고 왕궁 뜰에 감자를 심어 호위병에게 지키도록 했다. 그러자 사람들은 왕이 호위병까지 동원해 지키는 걸 보니 분명 엄청난 식물일 거라고 생각한다. 그리고 호기심에 하나둘 감자를 찾는다. 결국은 서로 앞다투어 감자를 먹었고 더 이상 감자를 '악마식물'로 생각하는 사람은 없게 되었다. '악마식물'로 감자를 보던 프레임을 '귀족식물'로 바꾸자 많은 사람들의 행동이 달라졌다. 리프레이밍으로 그들의 생각을 바꾸고 문제를 해결한 것이다.

국가 → 대륙

2016년 하계 올림픽 개최지를 선정하기 위해 IOC 총회가 열렸을 때 후보지는 시카고, 마드리드, 도쿄 그리고 브라질의 리우데자네이루였다. 개최지 실사가 끝나고 결과가 발표됐는데 그중 리우데자네이루가 최하위를 차지한다. 이런 상황에서 당시 브라질 대통령이었던 룰라는 뜻밖의 카드를 꺼내 들어 상황을 반전시켰다. 그는 이렇게 말했다.

"올림픽은 유럽에서 30번, 북미에서 12번, 아시아에서 5번, 중미에서 1번 열렸습니다. 하지만 남미에서는 단 한 차례도 열리지 않았습니다. 올림픽은 모든 사람과 모든 대륙을 위한 것이어야 합니다."[14]

많은 나라가 올림픽을 유치하고 싶어한다. 국가의 위상을 높이는 것은 물론 경제 측면에서도 효과가 크기 때문이다. 그래서 왜 자국이 올림픽을 유치해야 하는지를 다양한 장점을 통해 설명하고 표를 얻으려 한다. 그런데 브라질의 대통령 룰라는 달랐다. 어차피 실사 결과가 안 좋다는 것은 객관적인 팩트에서 밀린다는 것, 따라서 장점을 어필하는 데는 한계가 있다고 본 것이다. 그래서 프레임을 바꾼다. 모두가 '국가' 프레임으로 이야기할 때 '대륙' 프레임으로 전환한 것이다. 이렇게 되니 지금껏 남미만 차별당하고 소외되어왔다는 강한 이미지가 남게 된다. 당시 일본 총리는 영어로 직접 프레젠테이션을 하고 미국은 오바마 대통령이 나섰지만 '남미대륙 0회 개최'라는 룰라의 메시지는 이렇게 그 모든 것을 압도했다. 그 결과 리우데자네이루는 실사점수 최하위에도 불구하고 하계 올림픽 개최지로 선정된다.

리프레이밍은 어떤 대상이나 상황을 바꾸는 대신 보는 기준, 생각의 기준점을 옮기는 것이다. 그럼으로써 대상이나 상황을 바꾼 것과 같은 효과를 얻을 수 있다. 프레임을 새로 짤 때는 사람들의 니즈(needs)에 대한 인사이트가 중요하다. 그들의 욕망을 알아야 한다. 결핍, 갈망 등 사람들을 움직일 수 있는 포인트를 짚어 프레임을 새롭게 짜야 한다.

유통기한 → 제조일자

사람들은 우유를 살 때 유통기한을 꼭 확인한다. 그런데 확인만 하는 것이 아니라 매대에서 같은 우유를 이것저것 뒤적거리다 유통기한이 제일 많이 남은 것을 고른다. 그 제품이 제일 신선할 것으로 생각하기 때문이다. 그러나 실제로는 모든 우유회사의 유통기한이 같지 않다. 또 같은 회사 제품의 같은 유통기한이라도 제조일이 다를 수 있다. 소비자들은 이 사실을 모르기 때문에 유통기한이 많이 남은 우유를 신선하다고 생각해왔다. 서울우유는 이것에 주목한다. '신선함'이 우유를 고르는 핵심 니즈인 만큼 신선함의 정확한 기준을 다시 제시하자는 전략을 세운다. 그래서 탄생한 것이 '제조일자'다. 신선함의 기준을 '유통기한'에서 '제조일자'로 옮긴 것이다. 그 결과 매출이 늘어난 것은 물론이고 업계의 판도 자체를 바꾸게 된다.

정치나 마케팅뿐만 아니라 삶에서도 프레임은 중요하다. 내가 가진 프레임들이 내 생각과 행동을 지배하기 때문이다. 그런데 그것 못지않게 '내 프레임'을 리프레이밍하는 것 역시 중요하다. 살면서 늘 좋은 일만 있는 것은 아니니까. 그럴 때 부정적 프레임이 나를 계속 짓누를 수도 있는 것이니 말이다.

스스로가 자꾸 위축되거나 부정적인 생각에 휩싸일 때, 그럴 때는 리프레임을 해야 한다. 지금이 '위기'라면 오히려 '기회'일 수 있다는 프레임 전환이 필요하다. 나쁜 안경을 좋은 안경으로 바꿔 쓰는 것이다. 프레임은 움직일 수 있다. 그리고 움직여야 한다.

신의 한수 or 인간의 악(惡)수 - 갈라치기

....

할리우드 영화를 보면 항상 예상되는 공통점이 있다. '영웅서사'다. 가족과 마을을 구하든, 지구와 우주를 구하든 늘 영웅이 등장한다. 그 영웅이 하나일 때와 무리일 때가 다를 뿐이다. 그런데 영웅이 등장하면 반드시 그 반대편엔 악당이 있다. 인류를 파멸시킬 부기를 만들고 사람들을 지배하려 한다. 그런 악당과 영웅이 어느 시점에 만나 대립각을 세우며 정의와 악을 놓고 한판 승부를 벌인다. 그리고 결국 영웅이 승리하게 된다.

우리는 이런 영화를 볼 때면 '정의의 사도'와 '악의 화신'이라는 이분법으로 구도를 가른다. 그리고 우리의 감정은 바로 정의를 좇아간다. 이런 이분법은 좋고 싫음이 명확하다. 누구를 선택해 감정이입할 것인가를 쉽게 정할 수 있다.

세상을 둘로 나누는 또는 나눠서 보도록 하는 갈라치기, 이분법 (dichotomy)은 뇌가 좋아할 만한 메커니즘을 갖고 있다. 우선 인지적 구두쇠인 뇌 입장에선 2개의 선택지밖에 없기에 많은 에너지를 들일 필요가 없다. 생각하기 쉽고 편해 효율성이 높다. 그리고 둘 중 하나가 다른 하나의 참조점(reference) 역할을 해 선택한 하나를 더 강력한 프레임이 되게 만든다. 그냥 '선'을 말할 때보다 '악'과 갈라치면 '선'이 더 도드라져 보인다. '위험'이 존재할수록 '안전'에 대해 더 주의를 기울이게 되고 모든 것을 '안전'이라는 프레임으로 보려는 성향이 강해진다. 이처럼 전략적으로 갈라치기는 매우 효과적인 신의 한수가 될 수 있다.

지금은 세계적으로 구글 시대가 되었지만 2000년대 초반까지만 해도 야후가 포털의 강자였다. 그 당시 우리나라에서는 다음커뮤니케이션이 포털서비스를 하고 있었는데 야후가 국내에 진출하면서 둘의 싸움은 피할 수 없게 된다. 그때 다음이 대대적으로 전개한 광고캠페인이 있다.

이순신 장군님,
야후는 [다음]이 물리치겠습니다.
인터넷 한국의 미래, [다음]이 책임지겠습니다.

광개토 대왕님,
야후는 [다음]이 꺾겠습니다.
인터넷 한국의 미래, [다음]이 책임지겠습니다.

구체적인 팩트로 차별화 싸움을 하는 대신 '국산 vs. 외산'으로 갈라쳐버렸다. '토종 포털'이라는 점을 어필함으로써 외국 자본에 포털 시장을 잠식당하게 놔둘 수 없다고 애국심에 호소했다. 지금 보면 좀 촌스러워 보이지만 당시엔 꽤 화제가 되었던 캠페인이다.

인공 vs. 천연, 저급 vs. 고급, 저함량 vs. 고함량, 올드 vs. 뉴 등 지금도 광고전략을 세울 때 갈라치기는 자주 활용되는 단골 메뉴다.

'갈라서 생각하기'는 인류가 살아오면서 터득한 본성일 수 있다. 생존을 위해서는 늘 위험한지 안전한지를 빨리 인지해야 했다. 이런 인식 패턴은 전쟁에서도 동일하게 작용한다. 아군과 적군을 바로 구별해야 살 수 있으니까. 또한 태생적으로 갈라서 생각하는 걸 자연스러워하는 측면도 있다. 세상을 보라. 살아있는 것(생물)과 죽은 것(무생물), 동물과 식물, 남자와 여자, 오른손과 왼손, 플러스와 마이너스가 있지 않은가. 어떤 문제의 답을 구할 때 이것도 맞고 저것도 맞을 수 있다고 하면 사람들은 별로 좋아하지 않는다. 정답과 오답이 분명한 걸 더 선호한다. '예'인지 '아니오'인지 뭐가 맞냐는 것이다.

그럼에도 '갈라치기' 전략을 쓸 때는 그 목적과 의도를 잘 살펴 조심해야 한다. 어떤 목적이냐에 따라 악용될 수 있는 여지가 많기 때문이다. 최근엔 남자와 여자를, 그리고 지역과 세대를 갈라치기 한다. 정치적 목적과 노림수를 가진 전략이다. 이런 유의 갈라치기는 왜곡을 만들기 쉽다. 대표적인 사례가 세대 갈라치기다. 중앙대 신진욱 교수는 《그런 세대는 없다》라는 책을 통해 '기성세대 vs. 청년'이라는 세대불평등 담론은 잘못된 것이라고 지적한다. 불평등이 심화하는 시대에 세대 내에서 소득, 자산, 고용형태 등이 다양하게 갈리기 때문에 세대를 동질적인 집단으로 볼 수 없다는 것이다.

갈라치기는 사람을 움직일 수 있는 강력한 프레임이다. 단, 목적을 잘 구분해 써야 한다. 신의 한수가 될지 인간의 악수가 될지는 어떻게 쓰느냐에 달려 있다.

맥락 없는 세상, 맥락 없는 인간

············

프레임은 텍스트(text)로 구성된다. 텍스트라고 하면 보통 언어나

문자를 떠올리는데 넓게 보면 해석의 대상이 될 수 있는 모든 것들, 즉 글, 사진, 음악, 춤, 사건 등도 텍스트라고 할 수 있다.[15] 그런데 텍스트와 꼭 세트가 되어야 할 단어가 있다. 콘텍스트(Context)다. text에 붙은 접두사 con은 '같이, 함께, 동시에'라는 뜻을 갖는다. 텍스트를 볼 때 언제나 콘텍스트(맥락)를 보라는 것이다. 텍스트를 둘러싼 배경, 환경, 조건, 사실관계, 전후사정, 그 사람만의 성향, 관계, 히스토리를 같이 봐야 한다. 그래야 텍스트가 전하는 사실을 제대로 알 수 있다.

그럼에도 점점 콘텍스트를 보기가 어려워진다. 디지털 시대가 더 그렇게 만든다. 디지털은 직관적이다. 궁금한 순간 바로 검색하면 모든 것이 해결된다. 정치, 경제, 역사, 교육, 의료, 요리, 여행, 하다 못해 사랑과 연애까지 모든 것이 디지털 속에 있다. 고 이어령 교수는 '검색하지 말고 사색하라'고 당부했지만 검색이 훨씬 쉽고 편하다. 더구나 디지털 네이티브들인 MZ세대는 검색본능을 태생적으로 갖고 태어났다.

거기에 요즘 사람들이 주로 접하는 미디어 환경이 달라졌다. 모바일에서 주로 이용하는 인스타그램 같은 경우는 예전에 없던 새로운 유형이다. 이 미디어는 생각하는 미디어가 아니다. 보고 느끼는 미디어다. 트윗이나 페이스북 댓글도 실시간으로 확인한다. 직관적으로 느끼고 직관적으로 반응하는 구조다. 요즘 세대는 이런 소통에 익숙하다.

텍스트를 소비하는 방식도 종이책이 아닌 전자책이나 웹에서 읽는 방식이 이들에겐 보편화되어 있다. 그런데 이런 디지털 읽기는 '보는 읽기'다. 보는 읽기는 행간을 꼼꼼히 살피며 읽는 것이 아니라 텍스트를 적당히 발췌해서 읽는 습관이 들게 한다. 자연히 긴 텍스트를 접하는 것을 회피하는 성향이 생긴다. 언론사에서도 요즘엔 '세 줄 요약'을 많이 활용하는데 이것도 마찬가지다.[16]

뉴스의 유통형태도 달라졌다. 하루에도 수없이 많은 뉴스와 정보가 포털사이트에 올라온다. 클릭을 유도하기 위해 온갖 자극적인 단어들이 동원된다. 심지어 가짜뉴스도 적지 않다. 미국 센트럴 플로리다대학의 미디어 학자인 크리샐리스 라이트(Chrysalis Wright) 교수에 의하면 가짜뉴스들은 이야기 전체를 다루지 않고 '일부'만을 부풀려 전달하는 경향이 강하다고 한다. 완전한 거짓말보다는 실제 있던 일을 앞뒤 자르고 일부만 부각시켜 사실과 거짓을 교묘하게 뒤섞는 것이다.[17] 프레임으로 만들어 악용하는 전형적인 사례다.

이런 환경에서 콘텍스트를 자세히 살핀다는 건 쉽지 않은 일일 수 있다. 인지적으로 게으름을 피우기에 최적화된 환경이기 때문이다. 그럴수록 게으른 '시스템2'를 깨워야 한다. 직관적인 프레임으로 즉각적인 반응을 끌어내려는 시도들이 많아진 시대인 만큼 애써 콘텍스트를 보려는 노력이 필요하다.

프레임은 볼 줄도 알고 만들 줄도 알아야 한다. 프레임을 볼 줄 모르면 죽을 때까지 세상이 만들어놓은 프레임 속에서 허우적거릴 수밖에 없다. 또 만들 줄도 알아야 한다. 단, 살리는 프레임을 만들어야 한다. 나를 살리고 다른 사람을 살리는 건강한 프레임을.

텍스트만 봐서는 안 된다. 맥락을 보고 맥락을 들어야 한다. 그래야 프레임을 제대로 볼 수 있다. '맥락 없는 세상'이 되어가지만 악의적인 프레임에 휘둘리지 않으려면 '맥락 감수성'을 길러야 한다. 맥락 없는 인간이 될 수는 없지 않은가.

틀짓기본능과 커뮤니케이션

- 인간의 뇌는 '틀' 친화적이다. 생각하기 편하고 효율성이 좋기 때문이다.

- 프레임(틀)은 정밀하게 설계된 '개념안경'이다.

- 프레임은 인식(perception), 태도(attitude), 행동(behavior)을 주무른다.

- 내가 가진 프레임이 어떤 것들인지 살펴보자. '내 프레임'이 내 인생을 결정한다.

- 프레임이라는 총에 감정이라는 총알을 장전하라. 감정프레임은 백발백중이다.

- 뭐라고 정의하느냐(definition), 뭐라고 부르느냐(naming)가 중요한 것은 그것이 프레임이 되기 때문이다.

- 리프레이밍(reframing)은 '정의를 다시 정의하는 것'이다. 프레임을 다시 짤 땐 지금 사람들이 욕망하는 것이 무엇인지 통찰하라.

- 이분법은 이중적이다. 선택하게도 하지만 충돌하게도 한다. 목적을 잘 가려야 한다.

- 언어 감수성 못지않게 맥락 감수성이 중요한 시대다. 맥락을 보는 근육을 키우자. 그러려면 힘들더라도 시스템2를 깨워야 한다.

틀짓기본능의 삶 ————

말이 씨가 된다고 한다.

말은 씨앗이다.
싹이 터 프레임이 되고 사람을 움직이는
생명력 강한 씨앗이다.

씨앗은 골라야 한다.
아무거나 싹트게 하면
세상은 원하는 대로 나를 휘두를 것이다.

나에게, 그리고 세상에
좋은 씨앗 심기
좋은 프레임 만들기
좋은 내가 되기

성경에 이런 구절이 있다.
"이웃을 네 몸같이 사랑하라."

왜 네 부모같이, 네 아내같이가 아니라
네 몸같이 사랑하라 했을까?
세상에서 제일 소중한 건
'나'이기 때문이다.

내 몸이 제일이고
내 입장이 우선이다.
생각하고 판단할 때도
'내가 기준'이 된다.

'나'라는 구멍에 맞는 열쇠만이
나를 움직일 수 있다.

커뮤니케이션의 열쇠는
'나'를 향해야 한다.

07

지구는 '나'를 중심으로 돈다

- 자기중심본능

....

손꼽아 기다리던 여행을 떠났다. 드디어 멋진 여행지에 도착했다. 눈부신 바다가 눈앞에 펼쳐지는 순간, 사람들이 제일 먼저 하는 일은 무엇일까? 대부분의 사람들은 아마도 사진 찍기에 바쁠 것이다. '경험'보다 '기록'이라고 하지 않던가. 그 시간과 장소를 경험하고 느끼는 것보다 '인생 샷' 하나 건지는 데 더 열심인 경우가 많다.

그런데 재미있는 사실이 있다. 같이 찍은 여러 장의 사진 중 잘 나온 사진을 고르라고 하면 사람마다 다르다는 것이다. 여러 명이 같이 있는 사진이니 전체적인 느낌이나 구도가 좋으면 잘 나온 사진이라고 할 수 있다. 그런데 아니다. 이거 잘 나왔다며 꼽는 사진은 내가 잘 나온 사진이다. 사람들은 단체사진을 볼 때 제일 먼저 '나'를 본다. 그리고 찍힌 내 모습이 마음에 들면 잘 나왔다고 한다. 다른 사람이 어떻게 나왔는지는 별로 관심이 없다.

이런 성향은 인간의 '자기중심성(ego-centrism)' 때문에 나타난다. 최근 정치권의 단골 용어가 된 '내로남불'도 그런 이유다. 내가 하면 로맨스고 남이 하면 불륜인 것은 '나' 중심으로 해석하기 때문이다. 특히 운전을 할 때 이런 경험을 많이 한다. 나보다 늦게 가는 차를 보면 운전을 저렇게 하니 차가 밀리는 거라며 혀를 찬다. 길 막히는 게 다 저런 차 때문이라고, 분명 초보일 거라고 투덜댄다. 그런데 나보다 빨리 가는 차를 보면 또 미쳤다고 한다. 저렇게 빨리 달리다 사고 나면 어쩌려고 그러냐면서.

문학평론가 신형철 교수는 "타인은 단순하게 나쁜 사람이고 나는 복잡하게 좋은 사람이 아니라 우리 모두가 대체로 복잡하게 나쁜 사람이다"라고 말한다. 상대를 제대로 보지 못하고 뭐든지 자기중심적으로 생각하는 경향을 꼬집은 것이다.

인간의 이런 자기중심적 사고와 행동에 대해 미국 하버드대학 뇌과학자 다이애너 타밀과 제이슨 미첼이 미국국립과학원회보(PNAS)에 발표한 논문이 있다. 그들은 실험 참가자들에게 본인에 대한 질문(당신은 스키를 얼마나 즐기는가?)과 타인에 대한 질문(대통령은 스키를 얼마나 즐기는가?)을 던졌다. 그리고 그중 하나를 선택해 답하게 한 뒤 뇌 자기공명영상(fMRI)으로 촬영을 했다. 그랬더니 '자기 얘기'를 할 때 도파민을 분비하는 뇌 부위가 활성화됐다. 도파민은 맛있는 음식을 먹거나 섹스를 할 때 분비돼 쾌감을 주는 중독성 있는 물질이다. 자기 얘기를 할 때는 뇌세포는 물론이고 뇌세포들을 연결하는 시냅스에서까지 쾌감을 느낀 것이다.[1]

SNS에 자기 얘기를 시시콜콜하게 올리는 걸 좋아하는 사람들이 많다. 지인 중엔 대화할 때마다 '내가 말이야'를 습관처럼 자주 이야기하는 사람도 있다. 모두 '자기중심성'에서 발현된 행동들이다.

사람들은 자기와 닮은 사람에게 호감을 느낀다. 이름이 같거나 생일이 같을 경우 더 친해지기 쉽다. 같은 동네에 살거나 고향이 같다고 하면 훨씬 더 반갑다. 이런 현상을 '암묵적 자기중심주의(Implicit egotism)'라고 한다. 지연, 혈연, 학연도 모두 이것 때문에 생긴다. 역시 '자기중심성'에서 기인한 것들이다.

모처럼 헤어숍에서 만진 머리가 마음에 들어 들뜬 마음으로 회사에 갔는데 아무도 몰라보는 경우가 있다. 분명 예전과 많이 다르고 자기 딴엔 꽤 멋있다고 생각했는데 아무런 반응이 없는 것이다. 일종의 조명효과(spotlight effect)다. 쏟아지는 조명을 받는 연극 주인공처럼 스스로 조명을 받듯 타인의 시선을 지나치게 신경 쓰는 것을 말한다. 남들은 나에 대해 그렇게 관심이 없는데 스스로는 남들이 나를 늘 보고 있다고 생각한다. 정작 나를 보고 있는 건 남들이 아니라 자기 자신인데 말이다. '나'에 대해 세상에서 제일 관심 있는 건 결국 '나' 자신이다.

세상의 중심엔 늘 '내'가 있다. 커뮤니케이션은 항상 이 부분을 고려해야 한다. '나'를 아는 커뮤니케이션만이 '나'를 움직일 수 있다.

'나'의 시대

....

다른 문을 열어 따라갈 필요는 없어
넌 너의 길로, 난 나의 길로
하루하루마다 색이 달라진 느낌
밝게 빛이 나는 길을 찾아

I'm on my way, 넌 그냥 믿으면 돼
I'm on my way, 보이는 그대로야

너는 누군가의 dreams come true
제일 좋은 어느 날의 데자뷰
머물고픈 어딘가의 낯선 뷰
I'll be far away, that's my-

Life is 아름다운 갤럭시
Be a writer, 장르로는 판타지
내일 내게 열리는 건 big, big stage
So that is who I am

4세대 걸그룹 아이브의 'I AM'이란 노래다. 다른 문을 따라갈 필요 없이 '나'만의 문을 열고 '나'의 길로 가라고 한다. 그 길은 빛나는 길이니 믿고 보이는 대로 가라고. 그러면 내일 빅스테이지가 열리고 그게 '내'가 될 것이라고. 발표한 지 얼마 안 돼 뮤직비디오 1억 뷰를 기록할 만큼 인기를 끈 곡이다. 멜로디도 좋지만 가사에 담긴 내용이 요즘 세대의 정서와 잘 맞아떨어진 결과가 아닐까 싶다.

지금은 '나의 시대'다. 연세대 사회학과 김호기 교수는 지금 청년 세대들을 관통하는 사상은 '미이즘(Meism)'이라고 한다. 내가 세계의 중심에 있다는 '나에 의한, 나를 위한, 나의 이념이자 철학'이라는 것이다. 세계가 나를 중심으로 돌고 있다는 일종의 '인식론적 천동설'이라고.[2]

매일 하루의 운동 속에서 작은 성취를 이루어가는 '오하운'이나, 작은 것이라도 목표를 정해 꼬박꼬박 실천하며 성취감을 느끼는 '갓생살기'는 모두 '나'를 향한 움직임들이다. 조직생활에서의 진급이나 막연한 성공보다 자기 삶을 자기 방식대로 만들어보려는 치열한 몸짓이기도 하다.

인생은 한 번뿐이니 즐기며 행복하게 살자는 욜로(YOLO)가 요즘은 '횰로'로 바뀌었다. '횰로'는 '나홀로'와 '욜로'가 합쳐진 신조어다. 1인가구가 늘어나면서 타인과의 관계보다 자신의 행복을 더 중시하고 자기만족을 추구하는 트렌드를 반영한다. 나를 위한 소비엔 돈을 아끼지 않는 '미코노미(me+economy)' 트렌드도 마찬가지다.

이것 역시 '내'가 중심이 된 라이프스타일을 엿볼 수 있는 부분이다.

시장조사전문 기업 엠브레인 트렌드모니터가 전국 13~59세 남녀 1천 명을 조사한 결과 "나 자신을 위해 사는 것이 인생에서 가장 중요하다"고 생각하는 사람이 절반을 훨씬 넘었다. 특히 연령이 낮을수록 더 많았는데 '그렇다'고 대답한 40대는 56.5%인 반면 20대는 72%가 '나 자신이 가장 중요하다'고 말했다.[3]

최근 젊은 세대 사이에서 자기소개의 필수항목이 된 MBTI도 그런 성향을 반영한다. MBTI는 단순한 성격유형을 넘어 '나'를 정의하는 하나의 수단이다. '내'가 소중한 만큼 '나'는 어떤 사람인지, 또 어떤 사람과 잘 맞는지, 무엇을 좋아하며 어떤 직업을 가져야 좋을지 궁금증이 클 수밖에 없다. 이런 측면으로 볼 때 MBTI는 '나'를 찾아가는 일종의 자아탐구 활동인 셈이다.

나의 시대에 맞는 커뮤니케이션은 그 중심에 언제나 '나'가 있어야 한다. 내가 주인공이고 내가 삶의 주체라는 느낌을 받을 수 있도록, 그리고 격려받고 인정받는다고 느낄 수 있도록 구성하는 것이 중요하다.

Nice to meet me

큐레이션 플랫폼 '밑미(meet me)'의 슬로건이다. 자신을 찾아 스스로 성장하는 것을 돕는 밑미는 진짜 나(true self)를 발견하여 진정

원하는 삶이 무엇인지 알고 그렇게 살게 한다는 취지를 갖고 있다. 그것을 위해 심리상담과 일상에서 실천할 수 있는 다양한 리추얼 프로그램을 제공하고 운영한다. 이런 플랫폼의 성격을 그대로 담은 슬로건이 'Nice to meet me'다. '나를 만나서 반가워'라는 뜻의 이 슬로건은 나를 마주하고 찾아가는 즐거운 여정을 의미한다. 행복한 모습뿐만 아니라 슬프고 좌절하는 모습까지 솔직하게 나를 들여다보는 여정이라는 것이다.

'Nice to meet me'는 지금의 정서와 잘 붙는다. 또한 익숙한 문장을 살짝 틀어 낯설음을 줌으로써 호기심을 자극한다. 거기에다 플랫폼 이름을 바로 연상케 하는 효과까지 있는 좋은 슬로건이다.

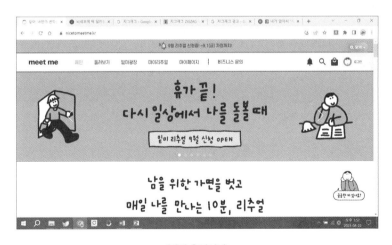

〈밑미 홈페이지〉

최근엔 '나의 시대'에 걸맞게 브랜드 캠페인을 전개하는 브랜드들이 많다. 그중 브랜드 정체성을 아예 시대정서에 맞춘 브랜드가 있다. 바로 '지그재그(ZIGZAG)'다. 지그재그는 스타일 커머스 플랫폼으로 주로 여성 패션 관련 아이템들을 많이 다룬다. 2023년 8월 가을 옷 관련 매출이 전년 동기대비 408%나 급증할 정도로 성장세가 빠르고 핫한 브랜드다.[4] 그런 지그재그가 이렇게 말을 건넨다.

니들 맘대로 사세요

런칭 캠페인은 모델부터 화제였다. 젊은 여성들이 주 타겟임에도 배우 윤여정을 모델로 캐스팅한다. 그리고 이렇게 말한다.

옷 입는데 남의 눈치 볼 거 뭐 있니?
좀 이상하게 입는다고 뭐 법에 저촉되니?
입고 우기면 돼. 별거 없어.
그냥 계속 왔다 갔다 사는 거지.
그러니까 니네들 맘대로 사세요.
지그재그

나이 많은 세대지만 솔직하고 자유분방한 윤여정 배우의 이미지에 더해 '나의 시대'에 걸맞는 메시지가 크게 호응을 일으켰다. 옷이란 건 '누구나 자기만의 스타일이 있고 그 스타일을 찾아가는 과정이 중요하다'는 브랜드 철학이 그대로 담겼다. 여기서 '산다'는 이중적으로 쓰였는데 남 눈치 보지 말고 자기 스타일대로 옷을 사라는 것, 그리고 인생도 그렇게 살라는 의미다.

제가 알아서 살게요

런칭 캠페인에 이어 최근에 집행된 2차 캠페인도 역시 화제다. 각 분야에서 자신만의 길을 걷고 있는 아이코닉한 이미지의 여성들이 각각의 에피소드에 출연한다. 누구는 옷을 고르고, 누구는 촬영장에서, 또 누구는 여행을 위해 공항에서 대기하는데 아웃보이스로 이런저런 참견과 간섭의 말들이 들린다. 점점 말들이 많아지다가 모든 것이 정지될 때 모델은 이렇게 말한다. "제가 알아서 살게요."

정답과 기준을 정해놓고 사는 게 아니라 각자의 스타일대로 사는 것(live & buy)이라는 브랜드 메시지가 그대로 드러난 캠페인이다. 지그재그의 일관성 있는 브랜딩은 타깃인 여성들에게 크게 어필하고 있다. 시대정서를 정확히 읽고 그에 맞는 브랜드 방향과 메시지를 독특한 크리에이티브로 펼친 결과다.

〈지그재그 유튜브〉

코로나19라는 대재앙 속에 홀로 많은 시간을 경험하면서 '나'에 대한 관심은 자연스럽게 더 높아졌다. 늘어나는 1인가구와 기회가 보장되지 못한 사회경제적 상황은 밖을 향한 관심보다 '나'를 향한 탐구를 더 지속하게 만든다. 커뮤니케이션은 이런 지점을 짚을 수 있어야 한다. 공감은 그 지점에서 탄생한다.

나에게 좋은 것

어느 유치원에서 발표회가 열렸다. 그날의 하이라이트는 단연 〈백설공주와 일곱 난쟁이〉. 선생님들은 아이들과 한 달여를 연습하고 학부모들을 초청했다.

자, 여기서 문제 하나. 무대에 오른 아이들 중 백설공주 역을 맡은 아이와 일곱 번째 난쟁이 역을 맡은 아이, 그리고 백마 탄 왕자

역을 맡은 아이가 있다. 그중 어느 아이가 제일 눈에 띄고 기억에 남을까?

답은 무조건 '내 아이'다. 어느 역을 맡든지 내 아이가 먼저 눈에 들어오고 내 아이의 표정과 행동이 가장 기억에 남는다. 자기관련성 효과(self-relevance effect) 때문이다.

칵테일파티현상(cocktail party phenomenon)도 마찬가지다. 삼삼오오 모여 시끌벅적하게 파티를 하는 와중에도 저 건너 누군가 나에 관한 이야기를 하면 귀에 쏙 들어온다. 아무리 시끄러워도 나와 관련된 것에는 귀신같이 신경이 살아나고 반응하게 된다.

광고메시지를 개발할 때 흔히 하는 실수가 있다. 광고하는 제품의 특징을 자세하게 나열하는 것이다. 소비자 입장에서 중요한 것은 제품 특징이 아니다. 그런 특징이 나와 어떤 관련이 있는가, 나에게 어떤 이익을 주는가 하는 것이다.

벽에 구멍을 뚫는 드릴을 광고한다고 하자. "우리 전동드릴은 특수 재질의 철을 사용하고 무선으로 작동하며 1분에 1만 회를 회전할 정도로 모터가 강력하고…." 이렇게 말해서는 안 된다. 드릴은 구멍을 뚫기 위해 구입하는 것이다. 소비자는 '구멍'에 관심이 있다. 구멍을 얼마나 잘 뚫어줄지, 어떤 구멍을 뚫을 때 좋을지, 뚫은 구멍이 얼마나 깔끔한지가 중요하다. '드릴'이 아니라 '구멍'을 말해야 한다.

장미도 마찬가지다. 사람들을 움직이기 위해선 '장미'보다 '사랑'

을 팔아야 한다. '나'에게 무엇이 좋은지, 어떤 점이 혜택(benefit)이 될지가 커뮤니케이션에 녹아 있을 때 커뮤니케이션은 힘이 생긴다. 그래야 사람을 움직일 수 있다.

전설적인 카피라이터인 존 케이플즈(John Caples)는 이렇게 말했다. "광고는 무엇보다도 개인의 이익과 연관되어야 한다. 여기 그들이 원하는 것이 있다고 알려주는 것이다. 이는 너무나도 근본적이고 당연한 법칙처럼 보이겠지만 그럼에도 불구하고 카피라이터들은 날마다 이 법칙을 깨뜨리고 있다."[5]

이는 비단 광고에만 해당하는 말이 아니다. 사람은 '나'에 대한 관심이 제일 많고 '내'가 중요하기에 당연히 나에게 뭐가 좋을지를 본능적으로 따지게 되어 있다. 커뮤니케이션은 그 점을 놓치지 말아야 한다.

시작은 미약하나 끝은 창대 하리라.

3만 절이 넘는 성경 구절 중 사람들이 가장 좋아하는 구절을 꼽으라면 이 문장이 아닐까 싶다. 기독교인이든 아니든 새로 개업한 음식점엔 이 구절의 액자가 계산대 위에 걸려 있는 것을 많이 볼 수 있다. 장사를 시작하는 사람은 누구나 예외없이 장사가 잘 돼 번창하는 꿈을 꾼다. 정말 간절한 바람이다. 그 마음에 이처럼 찰떡같이 달라붙을 문장이 어디 있겠는가?

TV 프로듀서이자 각본가이기도 한 제리 와이스먼(Jerry Weissman)은 "'당신에게 좋은 것(What's in it for you, WIIFY)'이야말로 모든 이야기의 중심이 되어야 한다"라고 말한다.[6] 나에게 좋은 것이 세상에서 제일 좋은 것이다. 나에게 좋을 때 사람의 마음은 쉽게 움직인다.

여러분, 부자 되세요~

'부자 되세요'라는 말이 지금은 낯설거나 조금도 이상하지 않다. 그러나 2001년 BC카드의 이 광고가 세상에 나오기 전까지는 흔하게 하는 말이 아니었다. 유교적 전통이 있는 사회인 만큼 노골적으로 돈 얘기를 하는 것은 왠지 자연스럽지 않았고 점잖지 못하게 여겨졌다. 그런데 1997년부터 2001년까지 고난의 4년을 겪은 후 분위기는 많이 달라진다. 대한민국이라는 공동체가 겪은 IMF 사태는 '돈'으로 인한 것이었다. 돈 때문에 가정과 사회, 국가가 송두리째 흔들렸고 그런 경험을 한 사람들은 그 어느 때보다도 경제적 갈증을 느끼고 있었다. 이때 하얗게 눈 덮인 들판에 배우 김정은이 빨간 옷을 입고 나와 사람들을 향해 소리친다. "여러 부운~ 여러분~ 모두 부~자 되세요~ 꼭이요~!!"

이 말을 들은 사람들 마음이 어땠을까? 갈증에 부어진 시원한 생수 같지 않았을까? 당시는 카드광고 전쟁이 불붙던 때였는데 BC카드는 이 광고 한방으로 업계에 엄청난 파장을 일으킨다.

강남4구 일류동작

　정치에서도 유권자들의 이익을 충족시켜줄 수 있는 메시지 개발은 두말할 필요없이 중요하다. '강남4구 일류동작'은 2014년 동작을 재보궐선거에서 자유한국당 나경원 후보가 내세운 슬로건이다. '강남'은 부유한 동네, 교육 프리미엄 같은 상징을 갖고 있다. 그 외에도 교통, 쇼핑 등 다양하고 편리한 인프라가 잘 갖춰진 곳이다. 그래서 다른 지역에 사는 사람들도 강남으로 이사 가고 싶다는 말을 종종 한다. 나 후보는 이런 마음을 간파했다. 당시 동작을 내 아파트 비중은 52%로 인근 강남3구(60-70%)를 밑돌았다. 이런 상황에서 개발수요가 끊임없이 일어났고 그에 따른 동작구민들의 '강남화 욕망'에 불을 지른 것이다. 당시 지역 아파트 온라인 커뮤니티엔 "나경원은 별로인데 '강남4구'는 좋다"는 식의 글이 올라왔다고 한다.[7] 지금은 서리풀터널이 뚫려 동작구와 서초구의 거리가 가까워졌는데 당시 나 후보가 개통을 적극 주장한 것도 같은 맥락이었다. 그 결과 나경원 후보는 2014년 재보궐 선거에서 동작을 국회의원으로 당선되게 된다.

　인간의 욕망을 이해해야 한다. 부동산 정책이 실패하는 데는 여러 요인이 있지만 사람들의 욕망을 무시했을 때 결과는 좋지 않았다. 욕망이라는 개인의 이익과 공공선이라는 공동체의 이익 사이에서 어떻게 균형줄을 잡을 것인가는 늘 고민해야 할 숙제다.

나를 위해, 이재명

제20대 대통령선거에서 이재명 후보가 내세웠던 슬로건이다. 얼핏 보면 '나의 시대'와 잘 맞는 슬로건처럼 보인다. 또 확장성이 많아 활용하기에 좋을 것도 같다. 그런데 구체적인 베네핏이 없다. '나를 위해'라고 했는데 나의 무엇을 위한다는 말인가? 나에게 어떤 것이 좋기에 이재명 후보를 뽑아야 한다는 것인지 알맹이가 빠졌다. 오히려 가지 쳐 나온 '나의 머리를 위해, 이재명' 같은 슬로건은 천만 명이나 된다는 탈모인들에겐 확 꽂힐 만한 문장이다. 서브 슬로건을 싸안는, 우산 역할을 할 대표 슬로건에도 '_____을 위해'가 있어야 했다. _____가 보다 큰 범주에서 사람들의 절실한 니즈를 채워줄 수 있는, 지금의 시대정서를 담은 것이었다면 좋았으리라.

이익을 이야기하는 것이 기본이다. 누구나 나에게 좋은 것이 진짜 좋은 것이다. 고래에게 좋은 것은 고래도 춤추게 하지 않겠는가?

특정의 힘

....

수많은 감정노동자 중에서 특히나 폭언에 시달리는 사람들이 있다. 콜센터 상담원들이다. 콜센터에 걸려오는 전화는 궁금한 내용을 문의하는 것도 있지만 뭔가 불만족스러워 컴플레인을 하는 경우가 많다. 그럴 경우 직접 얼굴 보고 얘기하는 것이 아닌 만큼 말이 더 험하게 나오기도 한다. 거기에다 심한 폭언은 기본이고 차마 듣기 힘든 욕설이나 성희롱까지 있어 이를 대하는 상담원들의 정신적 스트레스가 이만저만이 아니다. 이것을 해결하기 위해 GS칼텍스에서 '마음이음 연결음'이라는 캠페인을 진행한 적이 있다. 이 캠페인의 핵심은 고객이 콜센터에 전화를 걸면 들리는 안내 멘트를 바꾼 것이다. 보통 전화를 걸면 기업을 홍보하는 카피문구나 CM송 같은 것들이 나오는 경우가 많은데 그것을 대신할 멘트를 상담원 가족들이 직접 녹음을 했다.

"착하고 성실한 우리 딸이 상담 드릴 예정입니다."
"사랑하는 우리 아내가 상담해 드릴 예정입니다."
"제가 세상에서 가장 좋아하는 우리 엄마가 상담해 드릴 예정입니다. 잠시만 기다려주세요."

나이 지긋하신 아버지, 젊은 남편, 귀여운 어린아이가 녹음한 이 멘트가 전화를 건 고객에게 들리자 변화가 일어났다. 폭언도 줄고 심지어 "수고많으십니다"라고 먼저 말하는 고객들까지 생긴 것이다. 직접적으로 멘트가 좋다고 칭찬하는가 하면 램프가 어두워 짜증이 났는데 화를 못 내겠다고 웃는 고객도 있었다.

상담원도 누군가의 '가족'이라는 것을 전달한 이 멘트는 '가족'이라는 이름이 갖는 힘을 활용한 통찰력 있는 아이디어다. 거기에 중요한 포인트가 하나 더 있다. 특정한 것이다. '우리 딸이', '우리 엄마가'라고 상담원을 특정했다. 만약 이렇게 멘트를 녹음했다고 가정해보자.

"곧 만나실 상담원은 누군가의 소중한 가족입니다. 폭언이나 욕설은 삼가해주시면 감사하겠습니다."

어떤가? 특정했을 때와 차이가 느껴지는가? 특정에는 힘이 있다. 특정이 힘이 있는 이유는 특정했을 때 나와 관련된 것으로 훨씬 더 실감나게 느끼기 때문이다. 뭉뚱그리면 나와 관련 없는 것처럼 둔감해지고 흘러가는 메시지가 된다.

"저 좀 구해주세요."
"검은 안경 쓴 아저씨, 저 좀 구해주세요."

둘 중 어떻게 이야기하는 것이 도움의 손길을 더 잘 끌어낼 수 있을까? 그냥 구해달라고 하면 자기 일로 생각하지 않는다. 다른 누군가를 부르는 것이겠지 하고 넘겨버릴 수도 있다. 그런데 '검은 안경 쓴 아저씨'라고 특정을 하면 그 사람은 '나'를 부르는 것으로 생각한다. '남의 일(your business)'이 아니라 '나의 일(my business)'이 되는 것이다.

　오랫동안 스쿠버다이빙에 푹 빠져 전국의 바다를 누볐던 때가 있다. 하도 바다를 좋아하고 자주 이야기하다 보니 친한 지인들이 다이빙 투어에 따라가는 경우가 있었다. 바다에 도착하면 장비를 챙기고 배에 옮긴 후 같이 배를 타고 먼 바다 포인트로 이동을 한다. 그런데 대부분은 여기까지다. 처음에야 장비 세팅하는 것도 신기하고 배 타는 것도 재미있어 하지만 포인트로 이동해 다이버들이 바다로 입수하고 난 다음엔 할 일이 없다. 다이버들이 바다에서 올라온 후 다음 포인트로 이동해 입수하고 나면 다시 올라올 때까지 또 멍 때리고 배에 있어야 한다. 지루하고 심심할 수밖에 없다.

　그런데 뭔가 역할을 부탁하면 달라진다. 다이버들이 수면으로 올라와 배에 승선할 때는 장비를 받아줄 서포터가 필요한데 예를 들어 그런 역할을 맡기는 것이다. 그러면 다이버들 속에 섞여 열심히 장비를 받는다. 그리고 받은 장비를 배 한쪽에 알아서 정리하고 다이버들의 승선까지 도와주며 분주히 움직인다.

　이것은 요즘 마케팅 용어로 말하면 일종의 'engagement'라고 할 수 있다. 사람들이 어떤 프로세스에 개입, 참여하게 되면 '나'와 관련 있는 것'이 되면서 그때부터 양상이 달라진다. '나의 일'이 되고 그 일에 관심과 애착이 생긴다. 그래서 브랜드마다 소비자들을 어떻게든 끌어와 브랜딩 과정 속에 개입시키는 고객참여캠페인(engagement campaign)을 하려고 하는 것이다.

이 비타민은 사람들에게 활력을 선사합니다.
이 비타민은 당신에게 활력을 선사합니다.

어떤 말에 더 끌리는가? '당신에게'라고 하면 '나'를 향한 말로 느껴진다. '모두에게 좋은 것'이 아니라 '나에게 좋은 것'이 되어야 한다. 그럴 때 사람들은 더 적극적으로 반응한다.

선영아 사랑해

2000년 초 종로2가 골목에 이런 문구를 쓴 종이가 나붙었다. 백지에 손으로 쓴 것 같은 글씨체를 보고 사람들은 처음엔 피식 웃었다. 누군가 사랑 고백을 저렇게 하는가 보다 하면서. 그런데 벽, 전봇대, 버스정류장, 지하철 할 것 없이 여기저기 나붙자 점점 호기심이 커졌다. 총선을 앞두고 후보자가 붙인 것 아니냐, 도대체 선영이가 누구냐는 등 궁금증은 증폭됐고 서울 지하철공사엔 선영이를 묻는 전화가 빗발쳤다고 한다. 그리고 총선 후보 중 실제 선영이라는 이름의 후보자는 상대편의 비방일 것이라고 생각해 경찰에 수사를 의뢰하는 일까지 있었다. 이렇게 전국을 떠들썩하게 만든 '선영아 사랑해'는 이후 여성인터넷커뮤니티 '마이클럽'의 티저(teaser)광고임이 밝혀지게 된다.

당시 내가 다니던 회사에서 기획한 이 희한한 캠페인은 엄청난 파장을 몰고왔다. 이런 형식의 티저는 '선영아 사랑해'가 처음이었기 때문이다. 사랑한다고 종이에 써 동네방네 붙였으니 보는 사람들의 관심을 끌 수밖에 없었다. 거기에 더해 '선영아'라고 특정해서 부르니 얼마나 생생한 사랑 고백 같은가. 아직도 많이 회자되고 있는 몇 안 되는 캠페인 중 하나다. 몇 년 전엔 '아이소이' 화장품이 '선영아 사랑해'를 다시 가져와 광고캠페인을 진행하기도 했다.

"나는 대중을 위해서라면 움직이지 않겠지만 한 사람을 위해서라면 발벗고 나설 것이다." 마더 테레사의 말이다. 불특정 다수를 향한 메시지는 어느 누구를 위한 메시지도 아니다. 특정해야 관련 있는 것으로 느낀다. 커뮤니케이션은 언제나 '나'를 부르는 것이어야 한다.

IN+SIGHT(인사이트)

....

한 시인이 어린 딸에게 말했다
착한 사람도, 공부 잘하는 사람도 다 말고
관찰을 잘하는 사람이 되라고
겨울 창가의 양파는 어떻게 뿌리를 내리며
사람은 언제 웃고 언제 우는지를

오늘은 학교에 가서

도시락을 안 싸온 아이가 누구인지 살펴서

함께 나누어 먹으라고

마종하 시인의 '딸을 위한 시'라는 작품이다. 내게는 이미 다 커 버린 아들이 하나 있는데 다시 어린 때로 돌아간다면 나도 아들에게 시인처럼 말하고 싶다. 관찰을 잘하는 사람이 되라고. 관찰을 잘한다는 건 세상을 볼 줄 안다는 것이다. 포장된 겉면이 아니라 본질을 본다는 얘기다. 사람을 보고 들을 수 있다는 말이다.

커뮤니케이션은 표현의 문제가 아니다. 좋은 커뮤니케이션은 좋은 눈과 좋은 귀에서 나온다. 사람의 생각을 볼 줄 알고 마음을 들을 줄 알아야 한다. 인사이트가 있어야 한다는 의미다. 인사이트(in+sight)는 말 그대로 속을 보는 것이다. 인사이트는 겉으로 보이진 않지만 그런 일이 일어나게 하는 저 깊은 곳의 동인(動因, Key driver)을 발견하는 것이다. 어지럽게 흩어져 있는 단편의 조각들을 하나로 꿰는 그 무엇을 볼 수 있는 힘이다. 그런 인사이트를 바탕으로 한 커뮤니케이션은 강한 공감을 일으킨다. "어! 그건 내 얘긴데", "아, 그렇지"라고 고개를 끄덕이게 한다.

여성의 아름다움을 말할 때 그 기준은 보는 관점에 따라 다양할 수 있다. 또 남성이 보는 여성과 여성이 보는 여성의 아름다움은 다를 수도 있다. 그런데 남녀를 떠나 어떤 사람을 봤을 때 예쁘다는 느낌을 갖게 하는 결정적인 부분이 있다.

여러 가지를 말할 수 있겠지만 결정적인 요소는 바로 피부다. 대체로 피부가 좋을 때는 생김새와 상관없이 예쁘게 느껴지는 경우가 많다. 극단적으로 말해서 피부가 예쁘면 다 예뻐 보인다. 그래서 '피부미인'이라는 말이 생겼는지도 모르겠다.

피부가 맑으면 다 예쁘니까

나와 함께했던 수많은 광고 제품 중에 아모레퍼시픽의 '한율 율려원액'이라는 화장품이 있다. 원료인 갈색 솔잎의 효능으로 맑고 투명한 피부를 만들어준다는 안티에이징 세럼이다. 푸른 솔잎이 여러 번의 여름과 겨울을 겪어내면 갈색으로 변하는데 그러면서 에너지가 응축된다고 한다. 그 내용을 모델 전지현의 목소리로 이렇게 이야기했다.

누구나 푸른 시절이 있죠
하지만 몇 번의 뜨거운 여름, 차가운 겨울을 지나며
그때보다 더 아름다운 힘을 갖게 되죠
시간은 꼭 우리에게서 아름다움을 뺏어가는 건 아닙니다
이렇게 더해주기도 하니까
그 생명의 힘이 피부를 맑게 지켜줄 거예요

내 얼굴에 점이 몇 개인지, 웃을 때 주름이 몇 개인지

그건 중요하지 않아요

피부가 맑으면 다 예쁘니까

갈색 솔잎에서 찾은 피부의 맑은 힘,

한율 율려원액

촬영 후 녹음과 편집을 마치고 클라이언트 시사회를 열었다. 반응은 폭발적이었다. 워낙 뛰어난 모델인 만큼 전체적인 뷰티컷들이 잘 나왔는 데다 무엇보다도 카피에 대한 반응이 컸다. 당시 부사장이었던 클라이언트는 '감동적'이라는 평을 했고 시사회에 참석했던 여성들은 '피부가 맑으면 다 예쁘다'는 카피에 크게 공감했다. 여성과 관련된 브랜드들을 오랫동안 연구하고 광고했던 당시 CD(크리에이티브 디렉터)의 인사이트가 공감도 높은 카피의 원동력이었다.

열심히 일한 당신, 떠나라

아직도 널리 회자되는 광고메시지다. 어떤 광고인지는 몰라도 이 메시지만큼은 웬만해서는 안다. 벌써 20년이 지났음에도, 그 광고를 본 적이 없는데도 말이다. 그만큼 메시지의 파괴력이 크기 때문이다. 아마도 그때나 지금이나 여전히 공감할 수 있는 부분이 있기

에 메시지의 생명력이 길게 유지되는 것이리라.

지금이야 '워라밸'이 상식처럼 통용되는 시대가 됐지만 2000년대 초반만 해도 그렇지 않았다. 절약과 저축이 미덕이었고 IMF 이후 더 열심히 일하자는 사회적 분위기가 대세였다. 그러다 보니 일에 치이는 경우가 많았고 그럴수록 사람들의 답답함도 커져갔다. 인간은 쉬어야 한다. 또 놀아야 한다. 그래야 일의 능률도 삶의 질도 올라간다. 호모 루덴스(Homo Ludens, 놀이하는 인간)이기 때문이다. 그런데 쉬지도 놀지 못하니 스트레스가 심할 수밖에 없다.

당시 신생 회사였던 현대카드는 광고를 통해 이 지점을 건드렸다. 열심히 일했으니 이제 좀 떠나라고. 떠나서 쉼도 누리고 즐기라고. 스트레스에 찌들어 있던 사람들에게 이 메시지가 얼마나 시원하게 가슴을 때렸을까? 이 광고로 현대카드는 단숨에 높은 인지도를 얻게 된다. 인사이트의 힘은 그런 것이다.

저녁이 있는 삶

2012년 민주통합당 대선 경선후보로 나섰던 손학규 후보의 슬로건이다. 이 메시지에서도 비슷한 공감을 느낄 수 있을 것이다. 야근과 장시간 노동에 찌든 사람들의 마음에 희망과 설렘을 안겨주는 말이다. 그런 세상, 그런 나라를 만들겠다는 후보의 의지도 느껴진다. 우리나라 정치사에서 '못살겠다 갈아보자' 이후에 가장 공감도

높고 많이 회자된 슬로건이 아닐까 싶다.

때로는 사람을 꿰뚫는 인사이트에 자기만의 관점을 더함으로써 더 큰 공감을 불러일으킬 수도 있다.

남의 행복이 커진다고
내 행복이 줄어들지는 않는다

독일어로 '샤덴프로이데(Schadenfreude)'라는 말이 있다. Schaden은 손해를 freude는 기쁨을 뜻한다. 남의 손해가 나의 기쁨이라는 것이다. 남의 불행이 나의 행복이라고나 할까? 우리말로 하면 한마디로 '쌤통' 정도가 되겠다. '사촌이 땅을 사면 배가 아프다'는 말은 이와 반대 개념이 될 것이다.

남이 잘나가는 걸 보면 불안, 고통을 느낄 때 뇌에서 활성화되는 '배측전방대상피질'이 반응을 한다. 반대로 잘나가는 친구가 불행해진 것을 알게 되면 기쁨, 중독, 보상과 관련된 '복측선조체'의 활동이 활발해진다.[8] 이런 측면에서 보면 샤덴프로이데는 단순히 못된 심보에서 기인된 것만은 아닌 셈이다.

하지만 객관적으로 볼 때 남이 행복하다고 내가 꼭 불행해질 필요는 없다. 차범근 감독은 이 점을 한 칼럼에서 언급한 적이 있다. 아들인 차두리에 대한 이야기였는데 잘나가는 다른 축구선수를 보면 자기도 분데스리가 축구선수면서 사인을 해달라고 한다는 것이다. 자존심이 상해 본인은 도저히 그런 생각을 못할 텐데 아들은 그러면서 좋아한다고. 그때 한 말이 남의 행복이 커진다고 내 행복이 줄어들지는 않는다는 얘기였다. 그래서 아들이 늘 여유가 있고 즐거워 보이는 것 같다고. 당시 많이 화제가 됐던 칼럼이다.

MZ세대들이 쓰는 여러 말 중에 내가 제일 좋아하는 말이 있다. 삶의 자세에 대한 인사이트가 묻어나는 말이다. 이 말을 들으면 좀 짠하기도 하고 지혜롭다는 생각도 든다. 또 긍정 마인드가 넘치는 것 같아 좋은 에너지를 받는 기분이다. 그 말은 이것이다.

오히려 좋아, 가보자고

인간은 불안해한다. 불안할 수밖에 없는 이유는 통제할 수 없는 일이 너무 많기 때문이다. 기본적으로 삶과 죽음이 그렇고 당장 내일 일어날 일조차 예상할 수 없는 것들이 많다. 좋은 일들만 일어난다면야 상관없겠지만 통제할 수 없는 일들 중엔 마음을 어렵게 하는 일들이 수두룩하다. 더구나 요즘 세상은 젊은 세대에게 쉽사리 문을 열어주지도 않는다.

오히려 좋다는 건 그래도 위기를 기회로 살려보겠다는 마음이다. 가보자는 건 '이봐, 해보기는 했어?'라고 묻던 현대그룹 창업주 '정주영 회장'처럼 끝까지 해보자는 근성이다. 환경, 경제, 안보, 교육 등 전 지구적 위기 속에 개인의 삶도 점점 힘들어지는 세상에서 어떻게 살아야 할지를 통찰한 말이라고 할 수 있다. 인사이트에서 뽑아낸 너무 무겁지도 너무 싱겁지도 않은 한마디의 유쾌함이 큰 공감을 일으킨다.

수업시간에 학생들에게 종종 이런 말을 한다. 어느 분야든 인사이트 있는 사람들이 결국은 위너가 된다고. 관심 분야는 물론이고 사람과 세상에 대한 인사이트를 찾을 수 있도록 공부하고 연습해보라고. 커뮤니케이션도 그렇다. 인사이트에 바탕을 둔 커뮤니케이션은 늘 성공한다.

입장 바꿔 생각해봐

....

희대의 바람둥이라고 하면 누구나 카사노바를 떠올린다. 사실 카사노바는 단순한 난봉꾼이 아니다. 이탈리아 베네치아에서 태어나 파도바대학에서 그리스어, 프랑스어, 스페인어 등 여러 언어를 배웠고 고전문학, 신학, 법학, 춤, 펜싱, 승마 등 다양한 지식과 사교술을 익힌 지식인이다.

명망 높은 귀족 집안의 양자로 들어가 신분 상승의 꿈을 이루지만 사기행각으로 감옥에 갇히기도 하고 탈옥한 후 프랑스로 건너가 상류층에 합류하기도 한다. 성직자, 음악가, 연금술사, 사업가 등 다양하게 직업을 바꾸며 사기행각도 일삼은, 다소 황당하고 파란만장한 그의 일생은 그가 남긴 자서전《나의 인생 이야기》를 통해 전해지고 있다. 그의 책은 프랑스 국립도서관이 원본을 2010년에 공개하며 '그 시대 사회상을 날카롭게 기록했다'고 평함으로써 문학적 가치를 인정받기도 했다.

그런 그가 희대의 바람둥이 소리를 들을 정도로 수많은 여인들의 마음을 훔치고 사랑을 나눈 비밀은 무엇이었을까?

'허위합의효과(false consensus effect)'라는 게 있다. 다른 사람도 다 나와 비슷할 거라고 생각하면서 그것이 '사실'이라고 착각하는 현상이다. 자기 말이나 생각, 행동이 실제보다 더 보편적이라고 여기는 인간의 '자기중심성'이 낳은 오류다. 그런 까닭에 사람들은 말할 때 자기 입장에서 말하고 당연히 자기 생각처럼 상대도 이해할 것이라고 기대한다. 그러면 듣는 사람은 어떨까? 역시 자기 관점에서 상대 이야기를 받아들이고 반응한다. 이러다 보니 같은 입장이 아니라면 결국 완벽한 소통은 불가능하다.

사람들은 소통이 힘들다고 하는데 어쩌면 당연한 이야기다. 누구나 자기 입장에서 이야기하는 게 자연스럽고 편한데 상대방 관점에서 이야기해야 원활한 소통이 가능하니 힘이 들 수밖에. 카사노바의 탁월함은 이 지점에서 드러난다. 그는 이렇게 말했다.

"나는 여자의 N극과 S극을 안다. 그녀가 어느 극이냐에 따라 나는 나의 극을 맞춘다."

먼저 상대방을 정확히 읽는 능력이 있다는 것. 그리고 여기서 그치지 않고 자기 관점이 아니라 철저하게 상대방 입장과 관점에 따라 자기 자신을 변화시킨다는 것. 그는 희대의 바람둥이일 뿐 아니라 희대의 커뮤니케이터였던 것 같다. 본능적으로 소통의 핵심을 꿰뚫고 있었으니 말이다. 사람의 마음을 흔들고 사람을 움직이는 커뮤니케이션의 비결도 바로 여기에 있다.

커뮤니케이션은 상대방 관점이 핵심이다. 메시지를 통해 전하고자 하는 내 입장은 중요치 않다. 커뮤니케이션의 성공을 위해선 오직 상대방이 어떻게 받아들였는가만이 중요하다. 내가 아무리 파랑이라고 말해도 상대방이 빨강이라고 받아들이면 그것은 빨강이다. 동그라미를 이야기했는데 받아들이는 사람이 네모로 생각한다면 네모가 맞다. 상대방 '인식만이 현실(perception is reality)'이고 사실이다.

'포지셔닝 이론'의 창시자인 잭 트라우트(Jack Trout)와 알 리스(Al Ries)는 '마케팅은 제품의 싸움이 아니라 인식의 싸움'이라고 했다. 아무리 좋은 제품도 사람들이 나쁜 제품이라고 인식한다면 그 제품은 나쁜 제품인 것이다. 한 번 형성된 인식은 바꾸기도 어렵다. 따라서 처음부터 받아들이는 사람 입장에서 고민하고 그에 맞게 커뮤니케이션 해야 한다.

커뮤니케이션의 비극은 '하고 싶은 말'과 '듣고 싶은 말'의 갭(간극)에서 탄생한다. 듣고 싶어하는 말을 해야 상대가 움직이는데 자꾸 하고 싶은 말만 한다. 우리 모두는 '내가 중심'이기 때문이다.

용한 점쟁이는 그래서 점괘를 말할 때 굉장히 신중하다. 고객이 원하는 점괘일 때는 말하고 그렇지 않을 때는 말하지 않는다. 자기 생각대로 말하지 않고 고객 관점에서 말한다. 그러면 점을 보러 온 사람은 감탄하고 감동하게 된다. 사람을 움직이고 싶으면 하고 싶은 말을 해서는 안 된다. 상대가 듣고 싶어하는 말을 해야 한다.

직업 중에 UX Writer라는 직종이 있다. UX(User Experience) Writing을 하는 직업인데 디지털 시대가 도래한 후 사용자 경험이 더 중요해지면서 부각되고 있는 분야다. 우리나라에서는 아직 생소하지만 실리콘 밸리 IT기업들은 이미 이 분야에 인력들을 채용해 활용하고 있다.

구글은 UX Writing을 다음과 같이 정의한다. '사용자가 목적을 쉽게 달성하도록 도울 수 있는 카피를 작성해 디자인과 제품 경험을 향상시키는 것.'[9] 다시 말해 사용자 입장에서 그들이 제품이나 서비스를 제대로 경험할 수 있도록 문구를 작성하는 것이다.

우리나라 기업 중에서는 토스(toss)가 그 중요성을 인식해 UX Writing을 실제 업무에 적용하고 있다. 이것을 도입하면서 토스의 메시지는 달라진다. 고객이 대출금을 갚을 때마다 알림을 보내는데 그전까지는 '대출 잔액이 줄어들었으니 확인해보세요' 정도의 메시지였다. 그런데 고객 입장에서 보면 대출금을 갚는다는 건 굉장히 뿌듯한 일이다. 바로 이 점에 착안해 메시지에 '갚느라 고생 많으셨다'는 내용을 더했더니 지표가 좋아졌다. 뿐만 아니라 민원창구에 '문구가 너무 힘이 된다, 고맙다'라고 남기는 고객도 생겼다고 한다.[10]

〈(좌)기존 알림 메시지, (우)바뀐 알림 메시지〉 – toss feed

토스는 아예 Writing principle을 4가지로 정해놨는데 그중 첫 번째가 User-side Info다. 그만큼 고객 입장에서 모든 메시지가 작성되도록 관리하겠다는 것이다.

'우리가 어떤 민족입니까?'라는 광고카피나 배달 오토바이 뒤에 쓰여 있는 '공복주의' 같은 문구로 유명한 '배달의 민족'은 ㈜우아한형제들에서 운영하는 브랜드다. 그런데 이 회사는 단순히 재미있는 문구 차원을 넘어 〈우아한형제들 글쓰기 가이드〉를 만들어 브랜드 메시지를 관리하고 있다. 가이드에 나온 글쓰기 제1원칙은 역시 고객 입장에서 쓰라는 것. 일반적으로 고객이라고 하면 음식을 주문하는 소비자들을 떠올리기 쉬운데 '배달의 민족'에게 있어 또 하나의 중요한 고객은 점주들이다. 가게 사장님들과 커뮤니케이션이 잘돼야 소비자에게 품질 좋은 서비스를 제공할 수 있기 때문이다. 그래서 가이드에서는 '사장님을 생각하라'가 제1원칙이라고 강조한다. 역시 마케팅을 잘하는 기업답다.

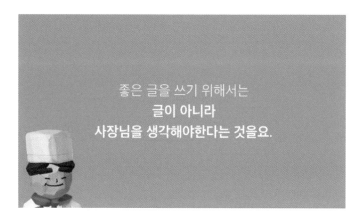

〈우아한형제들 글쓰기 가이드〉 중 – 비마이비(Be my B)[11]

미끼는 낚시꾼의 입맛이 아니라 물고기 입맛에 맞아야 한다.[12] 커뮤니케이션도 마찬가지다. 상대방 관점에서 이야기할 때만이 사람을 낚을 수 있다.

자기중심본능과 커뮤니케이션

- 인간이 제일 많이 바라보는 대상은 본인 자신이다.

- 게으른 뇌는 자기중심성(ego-centrism)을 부추긴다.

- '나'에게 좋은 것이 우주에서 제일 좋은 것이다.

- 혜택(benefit)을 얘기하라. 예를 들면 'PPT 작성법'보다 '상사에게 칭찬받는 PPT 작성법'이 더 좋다.

- 자기중심본능에 시대적 환경이 더해져 '미이즘(meism)'이 탄생했다.

- 모든 사람의 일은 그 누구의 일도 아니다(Everybody's business is nobody's business). 특정하라.

- 인사이트는 본질에서 길어 올린 생각과 행동의 원천이다.

- 인사이트는 공감을 이끄는 방아쇠다.

- 인사이트를 발견하는 방법! 사람들이 가진 긴장과 갈등 찾아보기 / 재해석 해보기 / 습관적 본성 들여다보기 / 사람들 속에 들어가 대화하고 관찰하기 / 대조해보기 / 왜(why)라고 묻기

- 상대방 입장에 늘 빙의할 수만 있다면 커뮤니케이션의 실패란 없다.

자기중심본능의 삶 ————

'나'를 잘 보고
'나'를 잘 들으면
나를 사랑할 수 있다.

'사람'을 잘 보고
'사람'을 잘 들으면
'사람'을 움직일 수 있다.

다른 사람의 관점을
내 안에 심는 것.

커뮤니케이션의 가장 어렵고도
가장 깊은 비밀은
거기에 숨어 있다.

소통은 어쩌면
인간본성을 거스르는 일일지도 모른다

어느 날 신이 말했다.

"내가 너에게 좋은 선물을 주려 한다. 그 선물은 2가지다. 단, 그중 하나만 선택할 수 있다. 잘 생각해보고 하나를 고르도록 해라."

신이 주겠다고 약속한 선물은 이것이다. 하나는 '말을 잘하는 능력', 다른 하나는 '잘 듣는 능력'. 자, 이제 여러분에게 신이 이런 선택을 제안했다고 하자. 여러분은 둘 중 어느 것을 택하겠는가?

아마도 두 가지 중에 본인이 더 어렵다고 느끼는 것을 택할 것이다. 쉬운 것이야 스스로 능력을 개발하면 되니까. 또는 본인이 둘 중더 갖고 싶은 능력을 달라고 할 수도 있다.

만약 내가 이런 제안을 받는다면?

나는 이렇게 역제안을 하고 싶다. "둘 중 하나를 고르지 않겠습니다. 그렇다고 둘 다 달라는 것은 아닙니다. 대신 다른 능력을 하나 주십시오. 그 능력은 '생각의 본능을 컨트롤하는 능력'입니다"라고.

본능의 충돌

소통은 일방향이 아니다. 본능을 가진 사람들 상호간에 일어나는 일이다. 그런데 그 본능이 같다는 게 문제다. 생각의 본능을 가진 인간이 소통을 하다 보면 각자 그 본능대로 이야기하고 들으려 한다. 그러다 보면 소통이 어려워진다.

우선 '말을 잘하는 것'부터 한번 보자. 말을 잘한다는 건 말하는 사람이 결정하는 게 아니다. 어디까지나 듣는 사람이 내리는 평가다. 듣는 사람이 '내 귀에 캔디'라고 느껴야 한다. 때문에 말을 잘하기 위해선 상대의 생각본능을 고려해 어떻게 말해야 할지를 고민해야 한다. 그러려면 시스템1만으론 안 된다. 시스템2를 적극 가동해야 한다. 이건 내 생각의 본능을 거스르는 일이다. 많은 에너지를 써가며 게으른 뇌를 다그쳐야 하기 때문이다. 참으로 머리 아플 수밖에 없다.

그럼 '잘 듣는 것'은 어떨까? 역시 마찬가지다. 사람은 기본적으로 남의 말을 자세히 들으려 하지 않는다. 아니 듣기 싫어한다. 들어도 말하는 사람의 의도대로 듣는 것이 아니라 내 생각대로 듣는다. 가급적 에너지를 아껴가면서. 또 말이 많은 사람도 좋아하지 않는다. 많은 말을 듣는 것은 에너지가 많이 필요한 힘든 일이니까. 잘 듣기 위해선 힘을 써야 한다. 자기중심성을 거슬러 내 입장이 아니라 상대방 입장에서 생각하며 들어야 한다. 본능과 충돌할 수밖에 없다.

여기서 소통이 잘 되느냐 안 되느냐가 결정된다. 결국 말을 잘하는 것이나 말을 잘 듣는 것은 생각의 본능을 얼마나 컨트롤할 수 있느냐의 문제다. 상대 생각의 본능은 배려하고 내 생각의 본능은 조절해야 한다. 상대가 시스템1을 사용한다는 것을 이해하고 고려하되 나의 시스템2는 더 깨워야 한다. 소통은 그래서 인간본성을 거스르는 일일 수밖에 없다. 내 본능대로 하고 싶지만 소통이 잘되려면 그걸 참아야 하니까. 진정한 소통은 그래서 힘이 든다.

일반적으로 광고회사의 업무는 마케팅 솔루션을 개발하고 광고 아이디어를 내는 것이다. 반면 광고회사 임원의 업무는 극단적으로 말해 갖가지 사건, 사고와 마주하고 처리하는 것인 경우가 많다. 생각해보면 정말 사고가 터질 만한 일이 도처에 널려 있다. 영상광고 자막에 오탈자가 나는 흔한 사고부터 사전에 구두로 약속을 했음에도 모델이 촬영 전에 갑자기 모델료를 올려달라고 떼를 쓰는 황당한 사건까지. 온에어되어야 할 광고가 제 날짜에 방영되지 않는 사고, 경쟁 프레젠테이션 현장에서 노트북이 구동되지 않는 끔찍한 일, 그리고 무엇보다 클라이언트와의 크고 작은 갖가지 일들.

일이 터지면 담당팀의 팀장들은 임원인 본부장을 찾아온다. 경험이 많은 본부장은 방으로 들어오는 팀장 얼굴만 봐도 일이 생겼음을 직감한다. 그러면 당연히 그 일이 무엇인지 본부장 입장에서는 빨리 듣고 싶어진다. 그런데 보고하러 온 팀장들은 많은 경우 사건을 처음부터 늘어놓기 시작한다. 시계열적으로 쫙 나열하며 말이 길어지는데 그쯤 되면 듣는 사람은 짜증이 스멀스멀 올라온다. '도대체 핵심이 뭐야. 말하고자 하는 알맹이가 뭐냐고' 이렇게 잘라 묻고 싶은 마음이 굴뚝같다. 급한 마음에 정제됨 없이 직관대로 쏟아내는 팀장의 본능과 오래 듣지 않고 빨리 핵심을 알고 싶은 본부장의 본능은 여기서 충돌한다.

나의 경우 팀장들의 보고를 듣는 일이 쉽지는 않았다. 급한 성격이었는 데다 그 당시엔 소통하는 방법도 잘 몰랐으니까. 사실 지금도 소통을 잘하는 편은 아니다. 그래서 어떻게 해야 커뮤니케이션을 잘할 수 있을까를 고민했는지도 모르겠다.《마음오프너-사람을 움직이는 생각의 본능》은 그런 고민중에 나온 것이기도 하다.

게으름에 대하여 - 질문과 시도

좋아하는 드라마가 하나 있다. 요즘은 시즌 개념으로 드라마가 많이 나오는데 시즌1부터 시작해 시즌3까지 정주행을 한 드라마다. 바로 〈낭만닥터 김사부〉. 생명을 다루는 직업이라는 특수성에 인간

냄새가 버무려진 흥미로운 드라마다. 드라마엔 주인공 김사부의 멋진 말들이 많이 나오는데 그중 시즌1 마지막 부분에 이런 대사가 나온다.

"우리가 왜 사는지, 무엇 때문에 사는지에 대한 질문을 포기하지 마라. 그 질문을 포기하는 순간 우리의 낭만도 끝이 나는 거다."

이 대사를 들으며 그런 생각을 했다. '질문을 잃지 않는 삶'은 사실 쉽지 않은 일이라는 것. 우리는 흔히 일상에 파묻혀 하루를 보내고 또 다음 날을 맞이한다. 바쁘든 한가롭든 별다른 변화 없이 반복되는 시간 속에 있다 보면 시스템1이 거의 모든 시간을 지배한다. 이런 익숙함 속에서는 질문이 없어진다. 궁금한 것도 없고 호기심도 없고 그렇기에 당연히 관심도 없다. 그러면 질문은 자연스럽게 사라진다.

질문이 있다는 건 시스템2의 일이다. 왜(why)를 묻는 것이다. 왜 그런지, 왜 그런 일이 생기는지, 왜 관계는 그렇게 되는지를 궁금해하고 알고 싶어하는 것이다. 세상의 진보는 왜(why)를 묻는 사람들에 의해 이루어졌다. 세상을 변화시킨 수많은 과학적 성과물들은 왜(why)라는 어머니의 아들들이다. 결국 생각의 게으름을 깨우고 또 깨운 사람들이 세상을 바꿔왔다.

그런데 질문은 게으른 뇌 입장에선 정말 괴로운 일이다. '왜 군이 왜(why)를 물어야 하나. 피곤하고 골치 아프게. 뭘 그렇게 복잡하게 생각하냐고. 그냥 다 그런 거지.' 생각의 본능은 그렇게 우리를 이끌어가려 한다. 그렇게 되면 일단 재미가 없다. 뭔가 궁금해야 흥미도 생기고 그런 것 아닌가? 그래서 알고 싶고, 먹고 싶고, 만나고 싶어져야 삶의 의욕도 생길 것이다. '질문을 잃지 않는 삶'을 산다는 건 생각을 깨우는 일이다. 쉽진 않지만 '질문 있는 삶'이 훨씬 사는 맛이 있다.

10여 년 동안 내 취미였던 스쿠버다이빙엔 위험에 처했을 때의 행동강령이 있다. 3단계 강령인데 첫째는 STOP, 일단 멈추라는 것. 당황해서 허둥대면 호흡기 호스가 엉킬 수도 있고 그물에 걸린 경우 더 위험해질 수도 있다. 더욱더 위험한 것은 패닉이다. 당황해서 계속 움직이는 것은 오히려 패닉을 불러와 치명적인 결과를 야기할 수 있기 때문이다. 그 다음은 THINK다. 생각하라는 것. 당황하지 말고 지금 상황이 어떤 상황인지 찬찬히 생각하고 판단하라는 것이다. 마지막은 DO. 판단이 끝났으면 신속하고 조심스럽게 다음 행동을 취하라는 것. 여기서 핵심은 THINK다. STOP은 생각하기 위함이다. DO도 생각한 다음에 행동하라는 것이다. 그래야 생명을 구할수 있다. 만약 이런 상황에서 잘 생각해 제대로 판단하지 않고 허둥지둥 발버둥만 치다간 자칫 생명을 잃게 된다. 어려운 상황일수록 생각을 깨워야 한다.

정치철학자 한나 아렌트는《예루살렘의 아이히만》이라는 책에서 '악의 평범성(banality of evil)'에 대해 말했다. 1960년, 나치 친위대

장교이자 유태인 학살 주범인 아돌프 아이히만이 이스라엘 정보원들에 의해 체포되는데 한나 아렌트는 법정에서 재판 과정을 지켜본다. 그런데 놀라운 것은 저지른 악행에 비해 아이히만이 너무 평범한 것이다. 그냥 명령에 따랐을 뿐이라며 담담하게 말하는 아이히만에게서 그녀는 어떤 광기나 괴물 같은 점을 단 하나도 발견할 수 없었다. 거기서 나온 개념이 '악의 평범성'이다. 아무리 평범하고 선량한 사람이라도 악을 행할 수 있는 상황이 주어지면 누구든 악을 행할 수 있다는 것. 그것을 막을 수 있는 단 하나의 방법은 '생각하는 것'뿐이라고. 한나 아렌트는 책을 통해 이렇게 말한다. "다른 사람의 처지를 생각할 줄 모르는 생각의 무능은 말하기의 무능을 낳고 행동의 무능을 낳는다."

　다른 사람과의 커뮤니케이션뿐만 아니라 나와의 커뮤니케이션에도 생각을 깨우는 것은 중요한 일이다. 지름길은 없다. 자꾸 시도하는 것밖에는. '작은 시작'이 반복되면 점차 생각을 깨우고 나를 움직일 수 있게 될 것이다. 글을 써야 하면 일단 펜부터 들어보자. 그러면 생각이 시작될 테니까. 리포트를 작성해야 하는데 게으름이 방해를 할 땐 노트북을 켜는 것이다. 일단 켜면 자판에 손이 가고 생각을 시작할 수 있다.
　내가 다니는 피트니스센터 입구 모니터엔 이런 문구가 적혀 있다.

운동을 하면서 가장 어려운 것은 바로 헬스장에 오는 것부터입니다. 회원님은 방금 그걸 해내셨어요!

– 피트니스인 길음점

　백두대간을 몇 번이고 왕복한 사람도, 에베레스트를 정복한 대단한 산악인도 제일 힘든 건 자기 집 문지방을 넘는 일이라고 한다. 질문을 놓지 않기를 바란다. 작은 시작이 많았으면 좋겠다. 생각의 게으름을 깨우면 소통이 달라질 것이다. 그리고 스스로가 달라질 것이다.

감정에 대하여 - 털 고르기와 메타인지

　소통을 처음 시작했을 때를 한번 기억해보자. 여러분의 첫 소통은 언제였나? 그걸 기억하는 사람은 아마 없을 것이다. 세상에 태어나 엄마와 눈 맞춘 그 시점이었을 테니까. 말을 못 하는 아기였지만 우리는 엄마와 소통을 했다. 좋으면 웃고 싫으면 울었다. 신기한 표정으로 쳐다보기도 하고 배고프면 기분이 나빠 또 울었을 것이다.

말로 하는 의사소통은 불가능했지만 표정과 몇 가지 행동으로 감정 소통은 가능했다. 우리가 소통을 시작한 건 감정을 통해서였다.

어른이 된 지금, 다양한 소통을 하고 있지만 소통은 여전히 어렵다. 이것 역시 감정 때문이다. 사람과의 관계 문제로 고민하는 사람들이 많은데 관계 문제 역시 전부 감정 문제다. 감정이 흐르고 통해야 소통도 관계도 좋아진다. 소통의 중심은 결국 감정소통이다.

나는 '설득'이라는 단어를 좋아하지 않는다. 왠지 단어 자체에서 '강제'와 '강요'의 느낌이 든다. 온갖 방법을 동원해 어떻게든 자기 뜻대로 넘어오게 만들겠다는 그런 느낌. 누가 나를 설득한다고 할 때 나는 설득의 대상이 된다. 주체가 아닌 객체다. 객체 입장에서는 '설득된다', 설득당한다'라고 표현한다. 사기를 당할 때도 '당한다'라는 표현을 쓴다. 기분 좋은 일이 아니다.

'이케아 효과(IKEA effect)'라는 게 있다. 사람들은 남들이 다 만들어놓은 완제품보다 자신이 직접 조립해 만든 제품을 더 좋아한다고 한다. 자기중심성을 가진 인간은 누구나 객체보다는 주체가 되길 원한다. 그래서 커뮤니케이션은 '설득하는 것'이 아니라 '선택하는 것'이 되는 게 좋다. 내가 설득하는 게 아니라 상대가 선택하는 것이라는 관점. 어느 정치인이 대담 프로그램에서 이런 이야기를 한 적이 있다.

"저의 주장을 심은 얘기를 하면 상대가 바로 반발심을 갖습니다. 그냥 판단할 여지를 주고 재료를 던져야지 만들어서 던지면 반발해요. 솔직하게 재료를 보여주고 요리는 상대가 하게. 요리를 해서 주면 싫어하죠. 강요당하는 거니까. 강요하면 안 됩니다."[1]

커뮤니케이션의 핵심은 끊임없이 상대방 입장에 서보는 것이다. 감정도 똑같다. 감정의 축을 상대방으로 옮겨보자. 본성을 거스르는 일이라 힘들겠지만 내 감정보다 상대방 감정에 좀 더 집중하면서. 영장류의 '털 고르기'처럼 '감정의 털 고르기'를 하는 것이다. 침팬지는 서로 털 사이의 이도 잡고 먼지도 털어주며 털 고르기를 한다. 친밀감의 표현이다. 침팬지 내에서 싸움이 일어난 다음엔 '털 고르기' 시간이 집중적으로 이어진다고 한다. 우리에겐 상대를 향한 감정의 털 고르기가 필요하다.

아내가 나에게 붙여준 별명이 하나 있다. '전환반응의 귀재'다. 내가 아내와 말할 때면 늘 전환반응으로 답을 한다는 것이다. 흔히 대화를 할 때 나타나는 반응엔 2가지 종류가 있다. 하나는 '지지반응'이고 또 하나는 '전환반응'이다. 예를 들면 다음과 같은 말이다.

전환반응(Shift-Response)

아내 나 오늘 너무 피곤해. 3시간짜리 수업을 세 개나 했어.

나 난 머리가 너무 아파. 하루 종일 아이디어 짜느라.

내가 꼭 이런 식으로 말을 한다고 한다. 아내가 지적하기 전까지는 내가 그런 줄도 몰랐다. 반면 지지반응은 이런 것이다.

지지반응(Support-Response)

아내 나 오늘 너무 피곤해. 3시간짜리 수업을 세 개나 했어.
나 아이구, 정말 힘들겠다. 3시간 수업 하나만 해도 녹초가 되는데 세 개를 어떻게 했어.

상대방 감정을 어루만지는 것이다. 공감하는 대화법이다. 아내가 별명을 붙여준 후 대화할 때마다 나의 대답이 조심스러워졌다. 그래도 전환반응의 잔재가 여전히 많이 남아 있기는 하다.

내가 좋아하는 단어 중 하나가 감(感)이다. 감동, 감탄, 감사, 공감, 교감, 동감 등 '감'이 들어가는 말 치고 그다지 나쁜 말이 없다. 그런데 이런 단어들은 모두 '지지반응'과 관련된 말들이다. 결국 상대방 감정에 좀 더 다가가는 게 소통의 기본인 셈이다.

감정의 털 고르기는 상대방 감정뿐만 아니라 내 감정에 있어서도 중요하다. 많은 사람과 커뮤니케이션하다 보면 수많은 감정과 마주한다. 그중에 좋은 감정만 있는 건 아니다. 혹여 나쁜 감정이 똬리를 틀어 큰 상처를 남기기도 한다. 그래서 내 감정의 털 고르기도 필요하다. 그를 위해선 내 감정을 제대로 보는 게 먼저다.

'메타인지(meta-cognition)'라는 개념이 있다. 자신을 객관화시켜 바라보는 능력이다. 자기 생각을 무조건 합리화하거나 정당화하지 않는 '생각에 대한 생각'이다. 소크라테스가 '너 자신을 알라'고 한 것은 메타인지를 통해 자기인식을 하라는 것과 같다. 최근 총선이 다가오면서 안타까운 정치인들을 많이 보게 된다. 예전엔 생각과 행동이 반듯했던 인물들이 이해 안 될 정도로 이상하게 변한 모습들을. '자기중심성'을 가진 인간이 스스로를 객관화하기란 쉽지 않겠지만 메타인지 능력을 잃어버리면 자칫 추악해질 수도 있다.

감정에도 메타인지가 필요하다. 지금 내 감정이 무엇인지, 왜 그런 감정을 갖게 됐는지, 다른 관점에서 보면 그 감정이 달라질 수 있는지 살펴보는 것이다. 한가한 소리라고 할지도 모르겠다. '욱'하는 마음으로 나쁜 감정이 불쑥 솟는 경우가 대부분인데 객관화할 여지가 어디 있겠냐고. 그래서 연습하는 것이다. 감정연습을. 감정대로 행동하는 것이 아니라 감정을 제대로 보고 조절하기 위해서. 이런 연습을 통해 나쁜 감정은 흘려버리거나 다른 감정으로 바꾸고 좋은 감정은 차곡차곡 쌓아갈 수 있다. 그러면 내 감정에 자신감이 생긴다. 감정자본이 탄탄해지는 것이다. 이래야 상대 감정에 좀 더 집중할 수 있다. 내 감정자본이 빈약하면 내 감정을 보듬기에도 힘이 부친다.

이제 부족한 글을 마무리 지으려 한다. 오래전부터 쓰고 싶던 책이었는데 차일피일 미루다 시간이 많이 흘렀다. 농담 삼아 지인에게 이런 말을 한 적이 있다. "wife는 knife다. 칼 앞에 고개를 쳐드는 순간 목이 잘린다. 아내 말을 잘 듣자." 미적댈 때마다 재촉해준 아내 덕에 그나마 시간을 더 놓치지 않고 마무리할 수 있었다. 아내에게 고맙다는 말을 전한다.

이 글을 읽는 독자들 모두에게도 감사드린다. 좋은 커뮤니케이션, 사람을 움직이고 사람을 살리는 그런 커뮤니케이션에 조금이나마 도움이 되었으면 하는 바람이다.

마지막으로 고창영 시인의 시 〈누군가〉로 글을 맺는다.

누군가

누군가 등산로에
채송화를 심었다
채송화 꽃이 피었다

누군가
봉숭아를 심었다
봉숭아 꽃이 피었다

누군가

내게 마음을 심었다

나도 꽃이 되었다

책머리에 ─────

1   로버트 치알디니《설득의 심리학》황혜숙 옮김(21세기북스, 2008)
     114

O1 ─────

1   대니얼 카너먼《생각에 관한 생각》이창신 옮김(김영사, 2018)
     52-53

2   대니얼 카너먼《생각에 관한 생각》이창신 옮김(김영사, 2018)
     52-53 / Alan D. Baddeley《Working Memory: Looking
     Back and Looking Forward》(Nature Reviews Neuroscience,
     2003) 829-38 /《Your Memory A User's Guide》(Firefly
     Books Ltd, 2004)

3   조향래, [아투유머펀치] 사투리유감〈아시아투데이〉(2022.6.12)

4   저스틴 와이어트《하이컨셉: 할리우드의 영화마케팅》조윤장

옮김(아침이슬, 2004) 33

5 전현진, 가장 기억에 남는 대선공약이 '일곱글자'?! 〈경향신문〉
(2022.2.5)

6 칩 히스, 댄 히스《스틱: 뇌리에 착 달라붙는 메시지의 힘》안진
환, 박슬라 옮김(웅진윙스, 2007) 58-60

02 ————

1 대니얼 카너먼《생각에 관한 생각》이창신 옮김(김영사, 2018)
38-47

2 대니얼 카너먼《생각에 관한 생각》이창신 옮김(김영사, 2018)
199-209

3 "대형사고 직후 보험가입 크게 는다"…생보업계 분석 〈한경뉴
스〉(1996. 8.19)

4 손원평《아몬드》(창비, 2017) 249

5 송혜은《은유메시지가 광고태도에 미치는 효과 : 조절초점과 구
조화동기에 조절효과를 중심으로》(2021) 15

6 송혜은《은유메시지가 광고태도에 미치는 효과 : 조절초점과 구
조화동기에 조절효과를 중심으로》(2021) 16

7 칩 히스, 댄 히스《스틱: 뇌리에 착 달라붙는 메시지의 힘》안진

환, 박슬라 옮김(웅진윙스, 2007) 86-89

8   대니얼 카너먼 《생각에 관한 생각》 이창신 옮김(김영사, 2018)
     135-140

9   대니얼 카너먼 《생각에 관한 생각》 이창신 옮김(김영사, 2018)
     256-257

10   김창우, 오유진 [21세기 사주,궁합 'MBTI열풍'] 기업 채용에도 등장
     한 MBTI 〈중앙선데이〉(2022.7.9)

11   대니얼 카너먼 《생각에 관한 생각》 이창신 옮김(김영사, 2018)
     299-300

12   강병기, 한국인은 모두 태권도 유단자? 대표성 휴리스틱 〈인터비
     즈〉(2019)

13   오만덕, 나준희《소비자의 자기도출 사고가 광고에 대한 설득 인
     지에 미치는 영향》상품학연구(2010) 28-6, 1-11

14   대니얼 카너먼 《생각에 관한 생각》 이창신 옮김(김영사, 2018)
     183-198

03 ———

1   이재신《이성과 감정 : 인간의 판단과정에 대한 뇌과학과 생물학
     적 접근》커뮤니케이션이론(2014) 162

2,3   대니얼 카너먼《생각에 관한 생각》이창신 옮김(김영사, 2018) 21

4   이재신《이성과 감정 : 인간의 판단과정에 대한 뇌과학과 생물
        학적 접근》커뮤니케이션이론(2014) 168-171 / Damasio, H.,
        Grabowski, T., Frank, R., Garaburda, A. M., & Damasio, A.
        R.《The return og Phineas gage:clues about the brain from
        the skull of a famous patient.》Sciencs, New Series(1994)
        264, 1102-1105

5   이재신《이성과 감정 : 인간의 판단과정에 대한 뇌과학과 생물학
        적 접근》커뮤니케이션이론(2014) 177

6   김광수, 김아중《감정커뮤니케이션》(한나래, 2014) 17

7   이재신《이성과 감정 : 인간의 판단과정에 대한 뇌과학과 생물학
        적 접근》커뮤니케이션이론(2014) 179

8   서정민 [에디터 프리즘] '말 대신 문자' MZ세대 〈중앙선데
        이〉(2022.10.29)

9   Cristina Maria Soriano, Johnny R.J. Fontaine and Klaus
        R. Scherer《Surprise in the GRID〉Review of Cognitive
        Linguistics(Jan 2015) 436

10   김현정 《라이커빌리티: 나를 좋아하게 만드는 힘》(메이트북스,
        2022)

11   대니얼 카너먼《생각에 관한 생각》이창신 옮김(김영사, 2018) 27

12   대니얼 카너먼《생각에 관한 생각》이창신 옮김(김영사, 2018)
        213-214

13   이미영, 이재신《위험인식의 낙관적 편견에 대한 프레임과 관여도의 역할》한국언론정보학보, 통권48호(2009) 191-210

14   백혜진 [삶과문화] 먹거리 소비와 감정 휴리스틱 〈한국일보〉(2019.11.5)

15, 16   대니얼 카너먼《생각에 관한 생각》이창신 옮김(김영사, 2018) 154-163

17   이재신《이성과 감정: 인간의 판단과정에 대한 뇌과학과 생물학적 접근》커뮤니케이션이론(2014) 175

18   대니얼 카너먼《생각에 관한 생각》이창신 옮김(김영사, 2018) 214

19   이현건, 군중은 논리가 아니라 감정으로 판단한다〈대학지성〉(2021.11.22)

20, 21   장훈 [장훈 칼럼니스트의 눈] 트럼프식 탈진실 정치와 코로나 위기〈중앙일보〉(2020.5.19)

22   이슬비, 또 찾게 되는 '아는 맛'의 정체 〈헬스조선〉(2022.10.13)

23   이재신《이성과 감정 : 인간의 판단과정에 대한 뇌과학과 생물학적 접근》커뮤니케이션이론(2014) 183
McGarty, C.《Categorization in social psychology》London: Sage.(1999)

24   나은영《감정과 미디어》(컬처룩, 2021) 42

04 ————

1,2,3 대니얼 카너먼《생각에 관한 생각》이창신 옮김(김영사, 2018) 96-113

4 대니얼 카너먼《생각에 관한 생각》이창신 옮김(김영사, 2018) 102-103

5 최석규 [최석규 병영칼럼] 헤이트 쿠튀르〈국방일보〉(2020.7.3)

6 마리아 로스《공감은 어떻게 기업의 매출이 되는가》이애리 옮김 (포레스트북스, 2020)

7 이재신《이성과 감정 : 인간의 판단과정에 대한 뇌과학과 생물학적 접근》커뮤니케이션이론(2014) 184

8 김광수《감정커뮤니케이션》(한나래, 2014) 35

9 백성호, 이찬수 목사의 적나라한 고백 "큰 교회 포만감 빠져 욕 먹는다"〈중앙일보〉(2019.12.24)

10 최현미, 뇌가 할 수 있는 최대치의 사랑은 '이해'…상대 감정 공감하기 훈련해야〈문화일보〉(2021.11.30)

11 엄지원, 문 전대통령, '적자생존' 책 소개하며 "우리는 성공하고 있을까요?"〈한겨레〉(2022.7.7)

12 박정열《R&D HRD Trend report》(2022) vol.5, KIRD, 4-9

05 ——————

1 대니얼 카너먼《생각에 관한 생각》이창신 옮김(김영사, 2018) 444-445

2 유홍식《고뇌적 보도사진이 텍스트기사의 뉴스가치, 선정성평가, 선별적 노출량, 정보습득에 미치는 영향》한국언론학보 51권 1호, 252-271

3 나은영《감정과 미디어》(컬처룩, 2021) 44-45

4 오은주, 유인혜, 서울시민 4명 중 1명이 했다는 보복소비가 머니? Money? 〈서울특별시 카드뉴스〉(2021.4.9)

5 김재민, 경제성장과 낙농목장의 급격한 증가(1980년대) 〈Farmin sight〉(2021.11.5)

6 조창훈, 영욕의 최명재(민사고) 이사장 별세 〈괜찮은뉴스〉(2022. 6.26)

7 대니얼 카너먼《생각에 관한 생각》이창신 옮김(김영사, 2018) 442-448

8 한애란, 영화는 1.5배속, 책은 요약본… '시성비'의 경제심리학 [딥다이브] (동아일보)(2023.12.9)

9 김대영, [Biz Prism] 기업평판 전환? 프레임 차별화 시도해봐라 〈매일경제〉(2018.1.5)

10 김언《누구나 가슴에 문장이 있다》(서랍의 날씨, 2017)

11   성시경의 먹을텐데(신림정2탄 with 신동엽) 〈유튜브〉(2022)

06   ───────

1   이병주,박관영,이인희《레이코프와 존슨의 은유 개념을 통한 프레임 분석》한국언론정보학보, 통권39호(2007년가을), 387.

2   홍병기 [홍병기티]은유의 성찬 속에서 〈중앙선데이〉(2020.6.27)

3   조지 레이코프《코끼리는 생각하지 마》유나영 옮김(와이즈베리, 2018) 56-57

4   한스-게오르크 호이젤《뇌, 욕망의 비밀을 풀다》강영옥, 김신종, 한윤진 옮김(비즈니스북스, 2016) 56-57

5   이재신《이성과 감정 : 인간의 판단과정에 대한 뇌과학과 생물학적 접근》커뮤니케이션이론(2014) 185

6   모현아 [모현아의 관점] 전문가 경험담이 주목받는 이유(23) 〈데일리팜〉(2023.3.2)

7   노성종, 이완수《'지구온난화' 對 '기후변화': 환경커뮤니케이션 어휘선택의 프레이밍 효과》커뮤니케이션이론9권1호(2013봄호) 169

8   윤영삼 정치적 인간, 정치적 언어: 전략과 프레임 〈슬로우뉴스〉(2022.1.19)

9   이은호 [10초점]윤종신의 생존비책 '월간윤종신' 〈텐아시아〉
     (2015.11.19)

10   김건주, 제자훈련은 선택이 아니라 목회의 생명입니다 〈dis-
     ciple〉(2007. 7/8)

11   대니얼 카너먼 《생각에 관한 생각》 이창신 옮김(김영사, 2018)
     86-92

12   조지 레이코프 《코끼리는 생각하지 마》 유나영 옮김(와이즈베리,
     2018) 120-122

13   이건용 [오피니언: 삶의 향기] 만추-바라봄 〈중앙일보〉(2018.
     11.13)

14   이남훈 《메신저: 마음을 움직이는 메시지의 창조자들》(알에이치
     코리아, 2015) 145-146

15   유시민 《표현의 기술》(생각의길, 2016) 141-142

16   김효정 《MZ세대가 쓴 MZ세대 사용설명서》(넥서스BIZ, 2022)
     228-231

17   박진영 [박진영의 사회심리학] 가짜뉴스를 피하는 법 〈동아사이언
     스〉(2020.2.22)

07 ───────

1   구희령, SNS로 내 얘기 하기, 섹스만큼 짜릿함 느낀다 〈중앙일
     보〉(2012.5.16)

황세희, 인정받고 싶은 건 본능, 몰입 과하면 '관심중독' 빠져 〈중앙일보〉(2023.2.25)

2   김호기 [오피니언, 중앙시평]'나의 시대'의 도래 〈중앙일보〉(2023. 3.27)

3   김효정《MZ세대가 쓴 MZ세대 사용설명서》(넥서스BIZ, 2022) 208-209.

4   지그재그, 가을 옷 판매 전년대비 408% 증가 〈CBS노컷뉴스〉(2023.8.22)

5   칩 히스, 댄 히스《스틱: 뇌리에 착 달라붙는 메시지의 힘》안진환, 박슬라 옮김(웅진윙스, 2007) 246

6   칩 히스, 댄 히스《스틱: 뇌리에 착 달라붙는 메시지의 힘》안진환, 박슬라 옮김(웅진윙스, 2007) 247

7   심새롬, 정몽준, 나경원에 4연패 동작을...민주당 '자객공천론' 〈중앙일보〉(2020.1.20)

8   세상의 모든 법칙-남의 불행이 나의 행복인 이유는? 〈EBS Culture & life〉

9   익숙한 언어가 이루는 말의 힘 〈비마이비(Be my B)〉

10   금혜원, 토스가 금융을 더 쉽게 만드는 또 하나의 방법, UX Writing 〈toss feed〉(2021.2.18)

11   익숙한 언어가 이루는 말의 힘 〈비마이비(Be my B)〉

12   한스-게오르크 호이젤《뇌, 욕망의 비밀을 풀다》강영옥, 김신종,

한윤진 옮김(비즈니스북스, 2016) 12

에필로그 ————

1   [알릴레오북's 43회] 문학으로 인생을 마주하다 / 아홉 켤레의 구
     두로 남은 사내(이재명)

마음오프너

초판 1쇄 발행 2024년 6월 28일

지은이 최석규
펴낸이 박상진
편집 김민준
마케팅 박근령
관리 황지원
디자인 투에스북디자인

펴낸곳 진성북스
출판등록 2011년 9월 23일
주소 강남구 삼성동 143-23 어반포레스트삼성 1301호
전화 02)3452-7762
팩스 02)3452-7761
홈페이지 www.jinsungbooks.com

ISBN 978-89-97743-63-6   03190

JINSUNGBOOKS

진성북스
도서목록

사람이 가진 무한한 잠재력을 키워가는 **진성북스**는
지혜로운 삶에 나침반이 되는 양서를 만듭니다.

나의 잠재력을 찾는 생각의 비밀코트

지혜의 심리학
10주년 기념판

김경일 지음
340쪽 | 값 18,500원

10주년 기념판으로 새롭게 만나는 '인지심리학의 지혜'!
지난 10년간의 감사와 진심을 담은 『지혜의 심리학 10주년 기념판』! 수많은 자기계발서를 읽고도 목표를 이루지 못한 사람들의 필독서로써, 모든 결과의 시작점에 있는 원인(Why)을 주목했다. 이 책을 읽고 생각의 원리를 올바로 이해하고 활용함으로써 누구라도 통찰을 통해 행복한 삶을 사는 지혜를 얻을 수 있을 것이다.

- OtvN <어쩌다 어른> 특강 출연
- KBS 1TV 아침마당<목요특강> "지혜의 심리학" 특강 출연
- 2014년 중국 수출 계약 | 포스코 CEO 추천 도서
- YTN사이언스 <과학, 책을 만나다> "지혜의 심리학" 특강 출연

포스트 코로나 시대의 행복

적정한 삶

김경일 지음 | 360쪽 | 값 16,500원

우리의 삶은 앞으로 어떤 방향으로 나아가게 될까? 인지심리학자인 저자는 이번 팬데믹 사태를 접하면서 수없이 받아온 질문에 대한 답을 이번 저서를 통해 말하고 있다. 앞으로 인류는 '극대화된 삶'에서 '적정한 삶'으로 갈 것이라고. 낙관적인 예측이 아닌 엄숙한 선언이다. 행복의 척도가 바뀔 것이며 개인의 개성이 존중되는 시대가 온다. 타인이 이야기하는 'want'가 아니라 내가 진짜 좋아하는 'like'를 발견하며 만족감이 스마트해지는 사회가 다가온다. 인간의 수명은 길어졌고 적정한 만족감을 느끼지 못하는 인간은 결국 길 잃은 삶을 살게 될 것이라고 말이다.

젊음을 오래 유지하는 자율신경건강법

안티에이징 시크릿

정이안 지음
264쪽 | 값 15,800원

자율신경을 지키면 노화를 늦출 수 있다!
25년 넘게 5만 명이 넘는 환자를 진료해 온 정이안 원장이 제안하는, 노화를 늦추고 건강하게 사는 자율신경건강법이 담긴 책. 남녀를 불문하고 체내에 호르몬이 줄어들기 시작하는 35세부터 노화가 시작된다. 저자는 식습관과 생활 습관, 치료법 등 자율신경의 균형을 유지하는 다양한 한의학적 지식을 제공함으로써, 언제라도 '몸속 건강'을 지키며 젊게 살 수 있는 비결을 알려준다.

정신과 의사가 알려주는 감정 컨트롤술

마음을 치유하는
7가지 비결

가바사와 시온 지음 | 송소정 옮김 | 268쪽
값 15,000원

일본의 저명한 정신과 의사이자 베스트셀러 작가, 유튜브 채널 구독자 35만 명을 거느린 유명 유튜버이기도 한 가바사와 시온이 소개하는, 환자와 가족, 간병인을 위한 '병을 낫게 하는 감정 처방전'이다. 이 책에서 저자는 정신의학, 심리학, 뇌과학 등 여러 의학 분야를 망라하여 긍정적인 감정에는 치유의 힘이 있음을 설득력 있게 제시한다.

독일의 DNA를 밝히는 단 하나의 책!

세상에서 가장 짧은
독일사

제임스 호즈 지음 | 박상진 옮김
428쪽 | 값 23,000원

냉철한 역사가의 시선으로 그려낸 '진짜 독일의 역사'를 만나다!
『세상에서 가장 짧은 독일사』는 역사가이자 베스트셀러 소설가인 저자가 가장 최초의 독일인이라 불리는 고대 게르만의 부족부터 로마, 프랑크 왕국과 신성로마제국, 프로이센, 그리고 독일제국과 동독, 서독을 거쳐 오늘날 유럽 연합을 주도하는 독일에 이르기까지 모든 독일의 역사를 특유의 독특한 관점으로 단 한 권에 엮어낸 책이다.

- 영국 선데이 타임즈 논픽션 베스트셀러
- 세계 20개 언어로 번역

감정은 인간을 어떻게 지배하는가

감정의 역사

롭 보디스 지음 | 민지현 옮김 | 356쪽
값 16,500원

이 책은 몸짓이나 손짓과 같은 제스처, 즉 정서적이고 경험에 의해 말하지 않는 것들을 설득력 있게 설명한다. 우리가 느끼는 시간과 공간의 순간에 마음과 몸이 존재하는 역동적인 산물이라고 주장하면서, 생물학적, 인류학적, 사회 문화적 요소를 통합하는 진보적인 접근방식을 사용하여 전 세계의 정서적 만남과 개인 경험의 변화를 설명한다. 감정의 역사를 연구하는 최고 학자 중 한 명으로, 독자들은 정서적 삶에 대한 그의 서사적 탐구에 매혹당하고, 감동받을 것이다.

하버드 경영대학원 마이클 포터의 성공전략 지침서

당신의 경쟁전략은 무엇인가?

조안 마그레타 지음 | 김언수, 김주권, 박상진 옮김
368쪽 | 값 22,000원

이 책은 방대하고 주요한 마이클 포터의 이론과 생각을 한 권으로 정리했다. <하버드 비즈니스리뷰> 편집장 출신인 조안 마그레타 (Joan Magretta)는 마이클 포터와의 협력으로 포터교수의 아이디어를 업데이트하고, 이론을 증명하기 위해 생생하고 명확한 사례들을 알기 쉽게 설명한다. 전략경영과 경쟁전략의 핵심을 단기간에 마스터하기 위한 사람들의 필독서이다.

● 전략의 대가, 마이클 포터 이론의 결정판
● 아마존 전략분야 베스트 셀러
● 일반인과 대학생을 위한 전략경영 필독서

비즈니스 성공의 불변법칙
경영의 멘탈모델을 배운다!

퍼스널 MBA
10주년 기념 증보판

조시 카우프만 지음 | 박상진, 이상호 옮김
832쪽 | 값 35,000원

"MASTER THE ART OF BUSINESS"

비즈니스 스쿨에 발을 들여놓지 않고도 자신이 원하는 시간과 적은 비용으로 비즈니스 지식을 획기적으로 높이는 방법을 가르쳐 주고 있다. 실제 비즈니스의 운영, 개인의 생산성 극대화, 그리고 성과를 높이는 스킬을 배울 수 있다. 이 책을 통해 경영학을 마스터하고 상위 0.01%에 속하는 부자가 되는 길을 따라가 보자.

● 아마존 경영 & 리더십 트레이닝 분야 1위
● 미국, 일본, 중국 베스트 셀러
● 전 세계 100만 부 이상 판매

한국기업, 글로벌 최강 만들기 프로젝트 1

넥스트 이노베이션

김언수, 김봉선, 조준호 지음 | 396쪽
값 18,000원

넥스트 이노베이션은 혁신의 본질, 혁신의 유형, 각종 혁신의 사례들, 다양한 혁신을 일으키기 위한 약간의 방법론들, 혁신을 위한 조직 환경과 디자인, 혁신과 관련해 개인이 할 수 있는 것들, 향후의 혁신 방향 및 그와 관련된 정부의 정책의 역할까지 폭넓게 논의하고 있다. 이 책을 통해 조직 내에서 혁신에 관한 공통의 언어를 생성하고, 새로운 혁신 프로젝트에 맞는 구체적인 도구와 프로세스를 활용하는 방법을 개발하기 바란다. 나아가 여러 혁신 성공 및 실패 사례를 통해 다양하고 창의적인 혁신 아이디어를 얻고 실행에 옮긴다면 분명 좋은 성과를 얻을 수 있으리라 믿는다.

인간에게 영감을 불어넣는 '숨'의 역사

호흡

에드거 윌리엄스 지음
황선영 옮김
396쪽 | 값 22,000원

호흡 생리학자가 엮어낸 호흡에 관한 거의 모든 지식!
우리 삶에 호흡이 왜 중요할까? 그건 바로 생존이 달려있기 때문이다. 지금까지 건강한 호흡 방법, 명상을 위한 호흡법처럼 건강으로 호흡을 설명하는 책들은 많았다. 하지만 호흡 자체의 본질적 질문에 답하는 책은 없었다. 저자는 "인간은 왜 지금과 같은 방식으로 숨을 쉬게 되었는가?"라는 질문에서 시작한다. 평생 호흡을 연구해 온 오늘날 현대인이 호흡할 수 있기까지의 전 과정을 인류역사, 인물, 사건, 기술, 문학작품을 통해서 생생하게 일러준다.

과학책에서 들었을 법한 산소 발견 이야기는 물론, 인종차별의 증거로 잘못 활용된 폐활량계, 제1차 세계대전에서 수많은 사상자를 남긴 유독가스, 오늘날에도 우리를 괴롭히는 다양한 호흡 장애와 몸과 마음을 지키는 요가의 호흡법 등, 이 책은 미처 세기도 어려운 호흡에 관한 거의 모든 지식을 총망라하며 읽는 이의 지성을 자극하고도 남는다. 인간에게 숨은 생명의 시작이면서 끝이고, 삶에 대한 풍부한 스토리를 내포하고 있다.

저자는 "평생 탐구해 온 단 하나의 물음인 '인간은 왜 지금과 같은 방식으로 숨을 쉬게 되었는가'에 대한 해답을 이 책에서 찾아보고자" 했다고 밝혔다. 하지만 호흡이라는 하나의 주제로 엮인 이 책을 통해 알 수 있는 것이 비단 호흡의 비밀만은 아니다.

우리는 수개월 동안 호흡 없이 뱃속에서 지내던 아이의 첫울음에 이루 밀할 수 없는 감동을 느끼게 된다. 또한 인체에 대한 이해와 산소호흡기의 탄생 등 눈부신 발전을 이룩한 현대 의학의 이면에 숨은 수많은 연구자의 성공과 실패담을 읽으며 그 노고를 깨닫게 된다. 호흡이라는 주제로 얽히고설킨 깊고 넓은 지식의 생태계 속에서 여러분들은 인류의 번영과 고뇌, 무수한 학자들의 성공과 실패, 그리고 삶과 죽음이 녹아든 지혜를 선물 받을 것이다.

새로운 리더십을 위한 지혜의 심리학

이끌지 말고 따르게 하라

김경일 지음
328쪽 | 값 15,000원

이 책은 '훌륭한 리더', '존경받는 리더', '사랑받는 리더'가 되고
싶어하는 모든 사람들을 위한 책이다. 요즘 사회에서는 존경보
다 질책을 더 많이 받는 리더들의 모습을 쉽게 볼 수 있다. 저자
는 리더십의 원형이 되는 인지심리학을 바탕으로 바람직한 리
더의 모습을 하나씩 밝혀준다. 현재 리더의 위치에 있는 사람뿐
만 아니라, 앞으로 리더가 되기 위해 노력하고 있는 사람이라면
인지심리학의 새로운 접근에 공감하게 될 것이다. 존경받는 리
더로서 조직을 성공시키고, 나아가 자신의 삶에서도 승리하기를
원하는 사람들에게 필독을 권한다.

● OtvN <어쩌다 어른> 특강 출연
● 예스24 리더십 분야 베스트 셀러
● 국립중앙도서관 사서 추천 도서

UN 선정, 미래 경영의 17가지 과제

지속가능발전목표란
무엇인가?

딜로이트 컨설팅 엮음 | 배정희, 최동건 옮김 |
360쪽 | 값 17,500원

지속가능발전목표(SDGs)는 세계 193개국으로 구성된 UN에
서 2030년까지 달성해야 할 사회과제 해결을 목표로 설정됐으
며, 2015년 채택 후 순식간에 전 세계로 퍼졌다. SDGs의 큰
특징 중 하나는 공공, 사회, 개인(기업)의 세 부문에 걸쳐 널리
파급되고 있다는 점이다. 그러나 SDGs가 세계를 향해 던지는
근본적인 질문에 대해서는 사실 충분한 이해와 침투가 이뤄지
지 않고 있다. SDGs는 단순한 외부 규범이 아니다. 단순한 자
본시장의 요구도 아니다. 단지 신규사업이나 혁신의 한 종류도
아니다. SDGs는 과거 수십 년에 걸쳐 글로벌 자본주의 속에서
면면이 구축되어온 현대 기업경영 모델의 근간을 뒤흔드는 변
화(진화)에 대한 요구다. 이러한 경영 모델의 진화가 바로 이 책
의 주요 테마다.

기초가 탄탄한 글의 힘

실용 글쓰기 정석

황성근 지음 | 252쪽 | 값 13,500원

글쓰기는 인간의 기본 능력이자 자신의 능력을 발휘하는 핵심적
인 도구이다. 이 책에서는 기본 원리와 구성, 나아가 활용 수준까
지 글쓰기의 모든 것을 다루고 있다. 이 책은 지금까지 자주 언급
되고 무조건적으로 수용되던 기존 글쓰기의 이론들을 아예 무시
했다. 실제 글쓰기를 할 때 반드시 필요하고 알아두어야 하는 내용
들만 담았다. 소설 읽듯 하면 바로 이해되고 그 과정에서 원리를
터득할 수 있도록 심혈을 기울인 책이다. 글쓰기에 대한 깊은 고민
에 빠진 채 그 방법을 찾지 못해 방황하고 있는 사람들에게 필독
하길 권한다.

상위 7% 우등생 부부의 9가지 비결

사랑의 완성
결혼을 다시 생각하다

그레고리 팝캑 지음
민지현 옮김 | 396쪽 | 값 16,500원

결혼 상담 치료사인 저자는 특별한 부부들이 서로를 대하는 방
식이 다른 모든 부부관계에도 도움이 된다고 알려준다. 이 책
은 저자 자신의 결혼생활 이야기를 비롯해 상담치료 사례와 이
에 대한 분석, 자가진단용 설문, 훈련 과제 및 지침 등으로 구
성되어 있다. 이 내용들은 오랜 결혼 관련 연구논문으로 지속
적으로 뒷받침되고 있으며 효과가 입증된 것들이다. 이 책을
통해 독자들은 무엇이 결혼생활에 부정적으로 작용하며, 긍정
적인 변화를 위해 어떤 노력을 해야 하는지 배울 수 있다.

앞서 가는 사람들의 두뇌 습관

스마트 싱킹

아트 마크먼 지음 | 박상진 옮김
352쪽 | 값 17,000원

숨어 있던 창의성의 비밀을 밝힌다!

인간의 마음이 어떻게 작동하는지 설명하고, 스마트해지는데 필
요한 완벽한 종류의 연습을 하도록 도와준다. 고품질 지식의 습
득과 문제 해결을 위해 생각의 원리를 제시하는 인지 심리학의
결정판이다! 고등학생이든, 과학자든, 미래의 비즈니스 리더든,
또는 회사의 CEO든 스마트 싱킹을 하고자 하는 누구에게나 이
책은 유용하리라 생각한다.

● 조선일보 등 주요 15개 언론사의 추천
● KBS TV, CBS방영 및 추천

나의 경력을 빛나게 하는 인지심리학

커리어 하이어

아트 마크먼 지음 | 박상진 옮김 | 340쪽 |
값 17,000원

이 책은 세계 최초로 인지과학 연구 결과를 곳곳에 배치해 '취
업-업무 성과-이직'으로 이어지는 경력 경로 전 과정을 새로
운 시각에서 조명했다. 또한, 저자인 아트 마크먼 교수가 미
국 텍사스 주립대의 '조직의 인재 육성(HDO)'이라는 석박사
위 프로그램을 직접 개설하고 책임자까지 맡으면서 '경력 관
리'에 대한 이론과 실무를 직접 익혔다. 따라서 탄탄한 이론
과 직장에서 바로 적용할 수 있는 실용성까지 갖추고 있다.
특히 2부에서 소개하는 성공적인 직장생활의 4가지 방법들
은 이 책의 백미라고 볼 수 있다.

나와 당신을 되돌아보는, 지혜의 심리학

어쩌면 우리가
거꾸로 해왔던 것들

김경일 지음 | 272쪽 | 값 15,000원

저자는 이 책에서 수십 년 동안 심리학을 공부해오면서 사람들로부터 가장 많은 공감을 받은 필자의 말과 글을 모아 엮었다. 수많은 독자와 청중들이 '아! 맞아. 내가 그랬었지'라며 지지했던 내용들이다. 다양한 사람들이 공감한 내용늘의 방점은 이렇다. 안타깝게도 세상을 살아가는 우리 대부분은 '거꾸로'하고 있는지도 모른다. 이 책은 지금까지 일상에서 거꾸로 해온 것을 반대로, 즉 우리가 '거꾸로 해왔던 수많은 말과 행동들'을 조금이라도 제자리로 되돌아보려는 노력의 산물이다. 이런 지혜를 터득하고 심리학을 생활 속에서 실천하길 바란다.

고혈압, 당뇨, 고지혈증, 골관절염...
큰 병을 차단하는 의사의 특별한 건강관리법

몸의 경고

박제선 지음 | 336쪽 | 값 16,000원

현대의학은 이제 수명 연장을 넘어, 삶의 질도 함께 고려하는 상황으로 바뀌고 있다. 삶의 '길이'는 현대의료시스템에서 잘 챙겨주지만, '삶의 질'까지 보장받기에는 아직 갈 길이 멀다. 삶의 질을 높이려면 개인이 스스로 해야 할 일이 있다. 진료현장의 의사가 개인의 세세한 건강을 모두 신경 쓰기에는 역부족이다. 이 책은 아파서 병원을 찾기 전에 스스로 '예방'할 수 있는 영양요법과 식이요법에 초점 을 맞추고 있다. 병원에 가기 두렵거나 귀찮은 사람, 이미 질환을 앓고 있지만 심각성을 깨닫지 못하는 사람들에게 가정의학과 전문의가 질병 예방 길잡이를 제공하는 좋은 책이다.

질병의 근본 원인을 밝히고 남다른 예방법을 제시한다

의사들의 120세
건강 비결은 따로 있다

마이클 그레거 지음 | 홍영준, 강태진 옮김
❶ 질병원인 치유편 | 564쪽 | 값 22,000원
❷ 질병예방 음식편 | 340쪽 | 값 15,000원

미국 최고의 영양 관련 웹사이트인 http://NutritionFacts.org를 운영 중인 세계적인 영양전문가이자 내과의사가 과학적인 증거로 치명적인 질병으로 사망하는 원인을 규명하고 병을 예방하고 치유하는 식습관에 대해 집대성한 책이다. 저자는 영양과 생활방식의 조정이 처방약, 항암제, 수술보다 더 효과적일 수 있다고 강조한다. 우수한 건강서로서 모든 가정의 구성원들이 함께 읽고 실천하면 좋은 '가정건강지킴이'로서 손색이 없다.

● 아마존 식품건강분야 1위   ● 출간 전 8개국 판권계약

성공적인 인수합병의 가이드라인

시너지 솔루션

마크 서로워,
제프리 웨이런스 지음
김동규 옮김
456쪽 | 값 25,000원

"왜 최고의 기업은 최악의 선택을 하는가?"

유력 경제 주간지 『비즈니스위크Businessweek』의 기사에 따르면 주요 인수합병 거래의 65%가 결국 인수기업의 주가가 무참히 무너지는 결과로 이어졌다. 그럼에도 M&A는 여전히 기업의 가치와 미래 경쟁력을 단기간 내에 끌어올릴 수 있는 매우 유용하며 쉽게 대체할 수 없는 성장 및 발전 수단이다. 그렇다면 수많은 시너지 함정과 실수를 넘어 성공적인 인수합병을 위해서는 과연 무엇이 필요할까? 그 모든 해답이 이 책, 『시너지 솔루션』에 담겨 있다.

두 저자는 1995년부터 2018년까지 24년 동안 발표된 2,500건을 상회하는 1억 달러 이상 규모의 거래를 분석했으며, 이를 통해 인수 거래 발표 시 나타나는 주식 시장의 반응이 매우 중요하며, 이렇게 긍정적인 방향으로 시작한 거래가 부정적인 반응을 얻은 뒤 변화 없이 지속된 거래에 비해 압도적인 성과를 거두게 됨을 알게 되었다. 이러한 결과를 통해 제대로 된 인수 거래의 중요성을 재확인한 두 저자는 올바른 M&A 전략을 세우고 이를 계획대로 실행할 수 있도록 M&A의 '엔드 투 엔드 솔루션'을 제시한다. 준비된 인수기업이 되어 함정을 피할 수 있는 인수전략을 개발하고 실행하는 법은 물론, 프리미엄을 치르는 데 따르는 성과 약속을 전달하는 법, 약속한 시너지를 실제로 구현하는 법, 변화를 관리하고 새로운 문화를 구축하는 법, 그리고 장기적 주주 가치를 창출하고 유지하는 법을 모두 한 권에 책에 담음으로써, M&A의 성공률을 높이고 기업과 주주 모두에게 도움이 될 수 있도록 하였다. 『시너지 솔루션』이 제시하는 통합적인 관점을 따라간다면 머지않아 최적의 시기에 샴페인을 터뜨리며 축배를 드는 자신을 보게 될 것이다.

회사를 살리는 영업 AtoZ

세일즈 마스터

이장석 지음 | 396쪽 | 값 17,500원

영업은 모든 비즈니스의 꽃이다. 오늘날 경영학의 눈부신 발전과 성과에도 불구하고, 영업관리는 여전히 비과학적인 분야로 남아 있다. 영업이 한 개인의 개인기나 합법과 불법을 넘나드는 묘기의 수준에 남겨두는 한, 기업의 지속적 발전은 한계에 부딪히기 마련이다. 이제 편법이 아닌 정석에 관심을 쏟을 때다. 본질을 망각한 채 결과에 올인하는 영업직원과 눈앞의 성과만으로 모든 것을 평가하려는 기형적인 조직문화는 사라져야 한다. 이 책은 영업의 획기적인 리엔지니어링을 위한 AtoZ를 제시한다. 디지털과 인공지능 시대에 더 인정받는 영업직원과 리더를 위한 필살기다.

언제까지 질병으로 고통받을 것인가?

난치병 치유의 길

**앤서니 윌리엄 지음 | 박용준 옮김
468쪽 | 값 22,000원**

이 책은 현대의학으로는 치료가 불가능한 질병으로 고통 받는 수많은 사람들에게 새로운 치료법을 소개한다. 저자는 사람들이 무엇으로 고통 받고, 어떻게 그들의 건강을 관리할 수 있는지에 대한 영성의 목소리를 들었다. 현대 의학으로는 설명할 수 없는 질병이나 몸의 비정상적인 상태의 근본 원인을 밝혀주고 있다. 당신이 원인불명의 증상으로 고생하고 있다면 이 책은 필요한 해답을 제공해 줄 것이다.

● 아마존 건강분야 베스트 셀러 1위

유능한 리더는 직원의 회복력부터 관리한다

스트레스 받지 않는
사람은 무엇이 다른가

**데릭 로저, 닉 페트리 지음
김주리 옮김 | 308쪽 | 값 15,000원**

이 책은 흔한 스트레스 관리에 관한 책이 아니다. 휴식을 취하는 방법에 관한 책도 아니다. 인생의 급류에 휩쓸리지 않고 어려움을 헤쳐 나갈 수 있는 능력인 회복력을 강화하여 삶을 주체적으로 사는 법에 관한 명서다. 엄청난 무게의 힘든 상황에서도 감정적 반응을 재설계하도록 하고, 스트레스 증가 외에는 아무런 도움이 되지 않는 자기 패배적인 사고 방식을 깨는 방법을 제시한다. 깨어난 순간부터 자신의 태도를 재조정하는 데 도움이 되는 사례별 연구와 극복 기술을 소개한다.

기후의 역사와 인류의 생존

시그널

**벤저민 리버만, 엘리자베스 고든 지음
은종환 옮김 | 440쪽 | 값 18,500원**

이 책은 인류의 역사를 기후변화의 관점에서 풀어내고 있다. 인류의 발전과 기후의 상호작용을 흥미 있게 조명한다. 인류 문화의 탄생부터 현재에 이르기까지 역사의 중요한 지점을 기후의 망원경으로 관찰하고 분석한다. 당시의 기후조건이 필연적으로 만들어낸 여러 사회적인 변화를 파악한다. 결코 간단하지 않으면서도 흥미진진한, 그리고 현대인들이 심각하게 다뤄야 할 이 주제에 대해 탐구를 시작하고자 하는 독자에게 이 책이 좋은 길잡이가 되리라 기대해본다.

세계 초일류 기업이 벤치마킹한
성공전략 5단계

승리의 경영전략

**AG 래플리, 로저마틴 지음
김주권, 박광태, 박상진 옮김
352쪽 | 값 18,500원**

전략경영의 살아있는 메뉴얼

가장 유명한 경영 사상가 두 사람이 전략이란 무엇을 위한 것이고, 어떻게 생각해야 하며, 왜 필요하고, 어떻게 실천해야 할지 구체적으로 설명한다. 이들은 100년 동안 세계 기업회생역사에서 가장 성공적이라고 평가받고 있을 뿐 아니라, 직접 성취한 P&G의 사례를 들어 전략의 핵심을 강조하고 있다.

● 경영대가 50인(Thinkers 50)이 선정한 2014 최고의 책
● 탁월한 경영자와 최고의 경영 사상가의 역작
● 월스트리스 저널 베스트 셀러

언어를 넘어 문화와 예술을 관통하는 수사학의 힘

현대 수사학

**요아힘 크나페 지음
김종영, 홍설영 옮김 | 480쪽 | 값 25,000원**

이 책의 목표는 인문학, 문화, 예술, 미디어 등 여러 분야에 수사학을 접목시킬 현대 수사학이론을 개발하는 것이다. 수사학은 본래 언어적 형태의 소통을 연구하는 학문이라서 기초이론의 개발도 이 점에 주력하였다. 그 결과 언어적 소통의 관점에서 수사학의 역사를 개관하고 정치 수사학을 다루는 서적은 꽤 많지만, 수사학 이론을 현대적인 관점에서 새롭고 포괄적으로 다룬 연구는 눈에 띄지 않는다. 이 책은 수사학이 단순히 언어적 행동에만 국한하지 않고, '소통이 있는 모든 곳에 수사학도 있다'는 가정에서 출발한다. 이를 토대로 크나페 교수는 현대 수사학 이론을 체계적으로 개발하고, 문학, 음악, 이미지, 영화 등 실용적인 영역에서 수사학적 분석이 어떻게 가능한지를 총체적으로 보여준다.

백 마디 불통의 말, 한 마디 소통의 말

당신은 어떤 말을 하고 있나요?

김종영 지음
248쪽 | 값 13,500원

리더십의 핵심은 소통능력이다. 소통을 체계적으로 연구하는 학문이 바로 수사학이다. 이 책은 우선 사람을 움직이는 힘, 수사학을 집중 조명한다. 그리고 소통의 능력을 필요로 하는 우리 사회의 리더들에게 꼭 필요한 수사적 리더십의 원리를 제공한다. 더 나아가서 수사학의 원리를 실제 생활에 어떻게 적용할 수 있는지 일러준다. 독자는 행복한 말하기와 아름다운 소통을 체험할 것이다.

- SK텔레콤 사보 <Inside M> 인터뷰
- MBC 라디오 <라디오 북 클럽> 출연
- 매일 경제, 이코노믹리뷰, 경향신문 소개
- 대통령 취임 2주년 기념식 특별연설

경쟁을 초월하여 영원한 승자로 가는 지름길

탁월한 전략이 미래를 창조한다

리치 호워드 지음 | 박상진 옮김
300쪽 | 값 17,000원

이 책은 혁신과 영감을 통해 자신들의 경험과 지식을 탁월한 전략으로 바꾸려는 리더들에게 실질적인 프레임워크를 제공해준다. 저자는 탁월한 전략을 위해서는 새로운 통찰을 결합하고 독자적인 경쟁 전략을 세우고 헌신을 이끌어내는 것이 중요하다고 강조한다. 나아가 연구 내용과 실제 사례, 사고 모델, 핵심 개념에 대한 명쾌한 설명을 통해 탁월한 전략가가 되는 데 필요한 핵심 스킬을 만드는 과정을 제시해준다.

- 조선비즈, 매경이코노미 추천도서
- 저자 전략분야 뉴욕타임스 베스트 셀러

대담한 혁신상품은 어떻게 만들어지는가?

신제품 개발 바이블

로버트 쿠퍼 지음 | 류강석, 박상진, 신동영 옮김
648쪽 | 값 28,000원

오늘날 비즈니스 환경에서 진정한 혁신과 신제품개발은 중요한 도전과제이다. 하지만 대부분의 기업들에게 야심적인 혁신은 보이지 않는다. 이 책의 저자는 제품혁신의 핵심성공 요인이자 세계최고의 제품개발 프로세스인 스테이지-게이트(Stage-Gate)에 대해 강조한다. 아울러 올바른 프로젝트 선택 방법과 스테이지-게이트 프로세스를 활용한 신제품개발 성공 방법에 대해서도 밝히고 있다. 신제품은 기업번영의 핵심이다. 이러한 방법을 배우고 기업의 실적과 시장 점유율을 높이는 대담한 혁신을 성취하는 것은 담당자, 관리자, 경영자의 마지노선이다.

10만 독자가 선택한
국내 최고의 인지심리학 교양서

지혜의 심리학
10주년 기념판

김경일 지음
340쪽 | 값 18,500원

10주년 기념판으로 새롭게 만나는 '인지심리학의 지혜'!
생각에 관해서 인간은 여전히 이기적이고 이중적이다. 깊은 생각을 외면하면서도 자신의 생각과 인생에 있어서 근본적인 변화를 애타게 원하기 때문이다. 하지만 과연 몇이나 자기계발서를 읽고 자신의 생각에 근본적인 변화와 개선을 가질 수 있었을까? 불행하지만 진실은 '결코 없다'이다. 우리에게 필요한 것은 '어떻게' 그 이상, '왜'이다. '왜'라고 생각하면 '왜냐하면'이라는 답이 태어나고, 이는 다시금 더 이전의 원인에 대한 질문인 또 다른 '왜'와 그에 따른 '왜냐하면'들을 낳는다.
우리는 살아가면서 다양한 어려움에 봉착하게 된다. 이때 우리는 지금까지 살아오면서 쌓았던 다양한 How들만 가지고는 이해할 수도 해결할 수도 없는 어려움들에 자주 직면하게 된다. 따라서 이 How들을 이해하고 연결해 줄 수 있는 Why에 대한 대답을 지녀야만 한다. 『지혜의 심리학』은 바로 이 점을 우리에게 알려주어 왔다. 이 책은 '이런 이유가 있다'로 우리의 관심을 발전시켜 왔다. 그리고 그 이유들이 도대체 '왜' 그렇게 자리 잡고 있으며 왜 그렇게 고집스럽게 우리의 생각 깊은 곳에서 힘을 발휘하는지에 대하여 눈을 뜨게 해주었다.
그동안 『지혜의 심리학』은 국내 최고의 인지심리학자인 김경일 교수가 생각의 원리에 대해 직접 연구한 내용을 바탕으로 명쾌한 논리로 수많은 독자들을 지혜로운 인지심리학의 세계로 안내해 왔다. 그리고 앞으로도, 새로운 독자들에게 참된 도전과 성취에 대한 자신감을 건네주기에 더할 나위 없는 지혜를 선사할 것이다.

- OtvN <어쩌다 어른> 특강 출연
- 2014년 중국 수출 계약 | 포스코 CEO 추천 도서

노자, 궁극의 리더십을 말하다
2020 대한민국을 통합 시킬 주역은 누구인가?

안성재 지음 | 524쪽 | 값 19,500원

노자는 "나라를 다스리는 것은 간단하고도 온전한 원칙이어야 지, 자꾸 복잡하게 그 원칙들을 세분해서 강화하면 안된다!"라 고 일갈한다. 법과 제도를 세분해서 강화하지 않고 원칙만으로 다스리는 것이 바로 대동사회다. 원칙을 수많은 항목으로 세분 해서 통제한 것은 소강사회의 모태가 되므로 경계하지 않으면 안된다. 이 책은 [도덕경]의 오해와 진실 그 모든 것을 이야기 한다. 동서고금을 아우르는 지혜가 살아넘친다. [도덕경] 한 권 이면 국가를 경영하는 정치지도자에서 기업을 경영하는 관리 자까지 리더십의 본질을 꿰뚫을 수 있을 것이다.

인생의 고수가 되기 위한 진짜 공부의 힘
김병완의 공부혁명

김병완 지음
236쪽 | 값 13,800원

공부는 20대에게 세상을 살아갈 수 있는 힘과 자신감 그리고 내 공을 길러준다. 그래서 20대 때 공부에 미쳐 본 경험이 있는 사 람과 그렇지 못한 사람은 알게 모르게 평생 큰 차이가 난다. 진 짜 청춘은 공부하는 청춘이다. 공부를 하지 않고 어떻게 100세 시대를 살아가고자 하는가? 공부는 인생의 예의이자 특권이다. 20대 공부는 자신의 내면을 발견할 수 있게 해주고, 그로 인해 진짜 인생을 살아갈 수 있게 해준다. 이 책에서 말하는 20대 청 춘이란 생물학적인 나이만을 의미하지 않는다. 60대라도 진짜 공부를 하고 있다면 여전히 20대 청춘이고 이들에게는 미래에 대한 확신과 풍요의 정신이 넘칠 것이다.

감동으로 가득한 스포츠 영웅의 휴먼 스토리
오픈

안드레 애거시 지음 | 김현정 옮김
614쪽 | 값 19,500원

시대의 이단아가 던지는 격정적 삶의 고백!

남자 선수로는 유일하게 골든 슬램을 달성한 안드레 애거시. 테 니스 인생의 정상에 오르기까지와 파란만장한 삶의 여정이 서정 적 언어로 독자의 마음을 자극한다. 최고의 스타 선수는 무엇으 로, 어떻게, 그 자리에 오를 수 있었을까? 또 행복하지만 은 않았 던 그의 테니스 인생 성장기를 통해 우리는 무엇을 배 올 수 있 을까. 안드레 애거시의 가치관가 생각을 읽을 수 있다.

하버드 경영 대학원 마이클 포터의 성공전략 지침서
당신의 경쟁전략은 무엇인가?

조안 마그레타 지음
김언수, 김주권, 박상진 옮김
368쪽 | 값 22,000원

마이클 포터(Michael E. Porter)는 전략경영 분야의 세계 최고 권위자다. 개별 기업, 산업구조, 국가를 아우르는 연 구를 전개해 지금까지 17권의 저서와 125편 이상의 논문 을 발표했다. 저서 중 『경쟁전략(Competitive Strategy)』 (1980), 『경쟁우위(Competitive Advantage)』(1985), 『국 가경쟁우위(The Competitive Advantage of Nations)』 (1990) 3부작은 '경영전략의 바이블이자 마스터피스'로 공인받고 있다. 경쟁우위, 산업구조 분석, 5가지 경쟁요인, 본원적 전략, 차별화, 전략적 포지셔닝, 가치사슬, 국가경 쟁력 등의 화두는 전략 분야를 넘어 경영학 전반에 새로운 지평을 열었고, 사실상 세계 모든 경영 대학원에서 핵심적 인 교과목으로 다루고 있다. 이 책은 방대하고 주요한 마 이클 포터의 이론과 생각을 한 권으로 정리했다. <하버드 비즈니스리뷰> 편집장 출신인 저자는 폭넓은 경험을 바탕 으로 포터 교수의 강력한 통찰력을 경영일선에 효과적으 로 적용할 수 있도록 설명한다. 즉, "경쟁은 최고가 아닌 유 일무이한 존재가 되고자 하는 것이고, 경쟁자들 간의 싸움 이 아니라, 자사의 장기적 투하자본이익률(ROIC)을 높이 는 것이다." 등 일반인들이 잘못 이해하고 있는 포터의 이 론들을 명백히 한다. 전략경영과 경쟁전략의 핵심을 단기 간에 마스터하여 전략의 전문가로 발돋움 하고자 하는 대 학생은 물론 전략에 관심이 있는 MBA과정의 학생들을 위 한 필독서이다. 나아가 미래의 사업을 주도하여 지속적 성 공을 꿈꾸는 기업의 관리자에게는 승리에 대한 영감을 제 공해 줄 것이다.

● 전략의 대가, 마이클 포터 이론의 결정판
● 아마존전략 분야 베스트 셀러
● 일반인과 대학생을 위한 전략경영 필독서

진정한 부와 성공을 끌어당기는 단 하나의 마법

생각의 시크릿

밥 프록터, 그레그 레이드 지음 | 박상진 옮김
268쪽 | 값 13,800원

성공한 사람들은 그렇지 못한 사람들과 다른 생각을 갖고 있는
것인가? 지난 100년의 역사에서 수많은 사람을 성공으로 이끈
성공 철학의 정수를 밝힌다. <생각의 시크릿>은 지금까지 부자
의 개념을 오늘에 맞게 더 구체화시켰다. 지금도 변하지 않는 법
칙을 따라만하면 누구든지 성공의 비밀에 나가갈 수 있다. 이 책
은 각 분야에서 성공한 기업가들이 지난 100년간의 성공 철학을
어떻게 이해하고 따라했는지 살펴보면서, 그들의 성공 스토리를
생생하게 전달하고 있다.

● 2016년 자기계발분야 화제의 도서
● 매경이코노미, 이코노믹리뷰 소개

새로운 시대는 逆(역)으로 시작하라!

콘트래리언

이신영 지음
408쪽 | 값 17,000원

위기극복의 핵심은 역발상에서 나온다!

세계적 거장들의 삶과 경영을 구체적이고 내밀하게 들여다본 저
자는 그들의 성공핵심은 많은 사람들이 옳다고 추구하는 흐름에
'거꾸로' 갔다는 데 있음을 발견했다. 모두가 실패를 두려워할 때
도전할 줄 알았고, 모두가 아니라고 말하는 아이디어를 성공적
인 아이디어로 발전시켰으며 최근 15년간 3대 악재라 불린 위기
속에서 기회를 찾고 성공을 거두었다.

● 한국출판문화산업 진흥원 '이달의 책' 선정도서
● KBS 1 라디오 <오한진 이정민의 황금사과> 방송

"이 검사를 꼭 받아야 합니까?"

과잉 진단

길버트 웰치 지음 | 홍영준 옮김
391쪽 | 값 17,000원

병원에 가기 전 꼭 알아야 할 의학 지식!

과잉진단이라는 말은 아무도 원하지 않는다. 이는 걱정과 과잉
진료의 전조일 뿐 개인에게 아무 혜택도 없다. 하버드대 출신 의
사인 저자는, 의사들의 진단욕심에 비롯된 과잉진단의 문제점과
과잉진단의 합리적인 이유를 함께 제시함으로써 질병예방의 올
바른 패러다임을 전해준다.

● 한국출판문화산업 진흥원 『이달의 책』 선정도서
● 조선일보, 중앙일보, 동아일보 등 주요 언론사 추천

"질병의 근본 원인을 밝히고
남다른 예방법을 제시한다"

의사들의 120세
건강비결은 따로 있다

마이클 그레거 지음
홍영준, 강태진 옮김
❶ 질병원인 치유편 값 22,000원 | 564쪽
❷ 질병예방 음식편 값 15,000원 | 340쪽

우리가 미처 몰랐던 질병의 원인과 해법
질병의 근본 원인을 밝히고 남다른 예방법을 제시한다
건강을 잃으면 모든 것을 잃는다. 의료 과학의 발달로 조
만간 120세 시대도 멀지 않았다. 하지만 우리의 미래는
'얼마나 오래 살 것인가?'보다는 '얼마나 건강하게 오래
살 것인가?'를 고민해야하는 시점이다. 이 책은 질병과 관련
된 주요 사망 원인에 대한 과학적 인과관계를 밝히고, 생
명에 치명적인 병을 예방하고 건강을 회복시킬 수 있는 방
법을 명쾌하게 제시한다. 수천 편의 연구결과에서 얻은 적
절한 영양학적 식이요법을 통하여 건강을 획기적으로 증
진시킬 수 있는 과학적 증거를 밝히고 있다. 15가지 주요
조기 사망 원인들(심장병, 암, 당뇨병, 고혈압, 뇌질환 등
등)은 매년 미국에서만 1백 6십만 명의 생명을 앗아간다.
이는 우리나라에서도 주요 사망원인이다. 이러한 비극의
상황에 동참할 필요는 없다. 강력한 과학적 증거가 뒷받침
된 그레거 박사의 조언으로 치명적 질병의 원인을 정확히
파악하라. 그리고 장기간 효과적인 음식으로 위험인자를
적절히 예방하라. 그러면 비록 유전적인 단명요인이 있다
해도 이를 극복하고 장기간 건강한 삶을 영위할 수 있다.
이제 인간의 생명은 운명이 아니라, 우리의 선택에 달려있
다. 기존의 건강서와는 차원이 다른 이 책을 통해서 '더 건
강하게, 더 오래 사는' 무병장수의 시대를 활짝 열고, 행복
한 미래의 길로 나아갈 수 있을 것이다.

● 아마존 의료건강분야 1위
● 출간 전 8개국 판권계약

사단법인 건강인문학포럼

1. 취지

세상이 빠르게 변화하고 있습니다. 눈부신 기술의 진보 특히, 인공지능, 빅데이터, 메타버스 그리고 유전 의학과 정밀의료의 발전은 인류를 지금까지 없었던 새로운 세상으로 안내하고 있습니다. 앞으로 산업 과 직업, 하는 일과 건강관리의 변혁은 피할 수 없는 상황으로 다가오고 있습니다.

이러한 변화에 따라 〈사단법인〉 건강인문학포럼은 '건강은 건강할 때 지키자'라는 취지에서 신체적 건 강, 정신적 건강, 사회적 건강이 조화를 이루는 "건강한 삶"을 찾는데 의의를 두고 있습니다. 100세 시대 를 넘어서서 인간의 한계수명이 120세로 늘어난 지금, 급격한 고령인구의 증가는 저출산과 연관되어 국 가 의료재정에 큰 부담이 되리라 예측됩니다. 따라서 개인 각자가 자신의 건강을 지키는 것 자체가 사회 와 국가에 커다란 기여를 하는 시대가 다가오고 있습니다.

누구나 겪게 마련인 '제 2의 삶'을 주체적으로 살며, 건강한 삶의 지혜를 함께 모색하기 위해 사단법인 건강인문학포럼은 2018년 1월 정식으로 출범했습니다. 우리의 목표는 분명합니다. 스스로 자신의 건강 을 지키면서 능동적인 사회활동의 기간을 충분히 연장하여 행복한 삶을 실현하는 것입니다. 전문가로 부터 최신의학의 과학적 내용을 배우고, 5년 동안 불멸의 동서양 고전 100권을 함께 읽으며 '건강한 마 음'을 위한 인문학적 소양을 넓혀 삶의 의미를 찾아볼 것입니다. 의학과 인문학 그리고 경영학의 조화를 통해 건강한 인간으로 사회에 선한 영향력을 발휘하고, 각자가 주체적인 삶을 살기 위한 지혜를 모색해 가고자 합니다.

건강과 인문학을 위한 실천의 장에 여러분을 초대합니다.

2. 비전, 목적, 방법

| 비 전

장수시대에 "건강한 삶"을 위해 신체적, 정신적, 사회적 건강을 돌보고, 함께 잘 사는 행복한 사 회를 만드는 데 필요한 덕목을 솔선수범하면서 존재의 의미를 찾는다.

| 목 적

우리는 5년간 100권의 불멸의 고전을 읽고 자신의 삶을 반추하며, 중년 이후의 미래를 새롭게 설계해 보는 "자기인생론"을 각자 책으로 발간하여 유산으로 남긴다.

| 방 법

매월 2회 모임에서 인문학 책 읽기와 토론 그리고 특강에 참여한다. 아울러서 의학 전문가의 강의를 통해서 질병예방과 과학적인 건강 관리 지식을 얻고 실천해 간다.